울엄마

펜, 종이 친구와 나누는 이야기

울엄마

최연하 외 가족 지음

<프롤로그>

열심히 정직하게 살았던 어미로 기억되었으면

지난 일을 생각해 보면
하루도 모르는 것이 너무 많았다
가지고 있는 것도 너무 없는 아주 가난한 존재였다
자상하고 정직하고 성실하신 아버지
얌전하고 부지런하고 솜씨 좋은 어머니에서 태어난 덕분에
제법 똘똘한 자식인줄 알고 살았다 어려서 부터 착하고
똑똑하다는 칭찬을 많이 받고 컸다
착하고 부지런 하면 다 인줄 알고 살았다
아마도 내가 아니고 다른 사람이 그리 사는것을 보았다면
바보중 상바보라 했을것이다
누가 바보같이 살으라고 말을 해준것도 아니고 강요한것도 아닌데
살면서 이게 옳은가 생각해 본적도 없었지만
착한것은 죄가 아니고 누구나 쉽게 할수 있는것을 해내는
일이 가치가 있다고 생각이 들었다.
이게 옳다 저게 맞다 멀로 가르쳐 준것도 아닌것 같은데
못된짓이 무엇인지도 모르고 남에게 착하게 해야 한다고 본
생각이 들었다.
어려서 부터 아버지 어머니 싸우는것을 본적 없고 남의 흉을
보는것도 없고 한방에서 주무시는 것을 본적 없는데 아버지 와
나신 모습 생각난다. 퇴침만 베고 벽을 보고 누어계시면
어머니는 겸상상을 차려 놓고 나와 편하게 아부지 진지
잡수시라 시키시면 간신히 아부지 진지 잡수시래요 해도 꿈적
꽉하가 가서 졸라도 꿈쩍 하지 않고 결국 어머니가 달래야

아부지는 일어 나시어 인자 하시던 모습을 볼수있었다
누가 잘 하고 못하고 일절 군말 없이 지배시는 모습을
보고 팔하 와 나는 아부지 어머이가 항상 좋았던
기억만 난다. 모르는 사이에 그게 진리로 머리속에
세뇌가 된것인지 역시 그것도 몰으던 일!
그렇게 사시는 우리아부지 우리어머가 왜그리 좋았는지
지금 생각해도 그때 가슴속에 넘치던 정이 지금도
생생 하다. 뵙고싶다.
세상이 많이 변했어도 부모님 께서 주신 유전자
가 그대로 간직 되었다 할까? 흐른다고 할까?
모든것 그러려니 하고 앞에 닥친일 치르기도 너무
벅차서 세상 잘 못 살았나 하는 생각이 들때도
수없이 많았는데
영감님 병나신 26년 2개월 원 하시는대로 내곁에서
떠나시게 해 드리고 그럴줄 몰랐는데 너무도
허전하고 외로워 하는 듯한 어머를 자식들 5남매 가
너무도 지성으로 보살펴주니 모르는것이 너무 많던 내가
살아온 길이 잘못된 것이 아니구나 싶고
먼저가신 남편의 덕이구나! 라는 말이 하고 싶고
5남매의 짝꿍 들도 너무 좋게 지성을 다 해주니 행복하다!

나 언제인가 세상을 떠나고 나면
우리 자식들 기억에 어떤 모습의 어미로
기억 될까?
더도 말고 덜도 말고 내가 살아 온 모습 그대로
최선을 다 해서 열심히 정직하게 살았던
어미로 기억 되었으면 좋겠고 바람뿐이다

예산해 부인이며 5남매의 엄마 최연하

그 가슴 뭉클한 이름 '어머니'

일제 강점기에 태어나 파란만장한 삶을 살아오신 어머니….

틈날 때마다 공책이며 달력 뒷장이며 끄적끄적 적어 놓으신 글들은 대부분 아버지께서 뇌졸중으로 쓰러지신 후의 기록이다. 주로 병수발의 소회가 적혀 있지만, 그 안에는 어린 시절의 추억부터 아버지께서 돌아가시기 전까지의 일들과 희로애락의 감정이 고스란히 나타나 있다.

참 군인이셨던 아버지는 젊음을 다 바쳐 나라에 충성했지만, 청렴함이 오히려 독이 되어 40대 중반의 젊은 나이에 전역하셨다. 평생을 옳은 길만 가고자 했던 아버지의 사회생활은 순탄치 못했다. 경제적으로 힘든 서울 생활이 시작되었고, 이때부터 어머니의 고단함은 극에 달했다.

사직동 부촌을 지나 산날망이의 판자촌 살이….

김칫거리가 없어 어둠을 기다려 부잣집 시멘트 쓰레기통 주변에 널린 배춧잎을 가려내시던 어머니…. 밤새 준비한 수십 개의 도시락을 머리에 이고, 작은 몸으로 3.1빌딩까지 그 먼 거리를 배달 가시던 모습이 지금도 눈에 선하다. 평소 먹던 음식보다 훨씬 맛있는 팔다 남은 도시락을 먹으며 좋아라 했던 철없던 어린 시절이다.

두 분은 더없는 어려움 속에서도 다섯 남매의 뒷바라지에 최선을 다하셨고, 덕분에 우리 남매들은 이렇듯 잘 성장하여 행복하게 살고 있으니 그 감사함을 어찌 다 말로 표현할 수 있을까….

자식들에게 늘 "우리 아들, 우리 딸 최고다."라는 말씀을 하셨고, 어머니는 그런 아버지를 세상 최고의 남편으로 모시고 살았다. 어찌 보면 어머니가 끝까지 거동이 불편한 치매 남편을 모실 수 있었던 버팀목이었을 것이다.

작년 10월 25일 이른 아침, 아버지는 어머니 품에 안겨 편안하게 하늘나라로 가셨다.

"어머니, 이제 자식들 바람대로 아프신 곳 없이 행복하게 오래오래 사세요."

맏며느리가 우연찮게 발견하고 제안하여 시작되었고, 이렇게 작은 책을 펴기까지 진심이었던 막내딸 현선이 내외는 물론 형제, 며느리, 사위들 모두에게 감사의 마음을 전한다.

2023년 시월 맏아들 예병욱

엄마! 존경합니다. 고맙습니다. 사랑합니다.

'엄마처럼 살지 말아야지.' 하고 다짐하곤 했습니다. 엄마의 삶이 너무 고단해 보여서요. 자식, 남편, 부모를 위한 삶만 있지 자신을 위한 삶은 없는 것 같았습니다.

어릴 때 아버지가 퇴근하고 돌아오시면 엄마는 아버지 발 씻을 물을 대야에 떠서 뜨락에 갖다드리고 닦으실 수건을 준비해서 옆에 서서 기다리시던 모습을 많이 보았습니다. 엄마는 비판도 없이 가부장제에 순응해버린 것 같아 싫었습니다. 어린 시절 신문 만평에 아내가 방망이를 들고 있고 남편은 쪼그라져 덜덜 떨고 있는 모습이 있어 그걸 들고 엄마, 아버지께 보여드리며 우리 집도 이렇게 좀 해보자고 했더니, 두 분이 재미있게 웃으시던 모습이 기억납니다. 일제강점기를 거치고 6.25전쟁 속을 헤쳐 살아오신 우리 부모님 세대가 대부분 그렇듯 아버지 엄마 두 분 다 모진 고생을 하셨지만, 아버지는 엄마 덕에 귀인으로 대접을 받고 사셨으나 엄마는 늘 동동걸음으로 두세 사람 몫을 하시며 사셨습니다.

우리는 장난으로 늘 아버지는 황제, 엄마는 무수리라고 놀렸습니다. 게다가 친정어머니도 오랫동안 모시고 치매인 시아버지를 근 20년간 돌보고 뇌졸중 후유증으로 몸이 불편하고 치매까지 동반한 남편을 27년간 돌보시며 어느새 노쇠해져 마음대로 여행도 못하시는 엄마의 삶이 원통했습니다.

그런데 참 이상하지요? 나이가 들어갈수록 가부장제에 순응한 엄마가 아니라 삶을 정성껏 일구시는 엄마가 다가오면서 엄마처럼 사는 게 얼마나 귀한 일인지를 알게 됩니다. 하루 한끼 한끼의 식사를 정성껏 준비하고 일상을 정성들여 사는 엄마의 삶이 이제는 따라하고 싶어도 할 수 없고 그 정성 속에 스민 농익은 기품이, 높은 삶의 질이 어떤 것인지 어렴풋이 알게 됩니다.

엄마여서 잘 알 것 같지만 엄마여서 몰랐던 것 같습니다. 엄마가 너무 힘드실 때 도움주셨던 심리상담 선생님은 자신이 만나 본 할머니 중에 가장 아름다우신 분이라고 하면서 나의 엄마가 이런 엄마였다면 인생이 달라졌을 거라고 하셨습니다. 엄마를 새롭게 보는 계기가 되었습니다. 고생하시는 엄마에 대한 안타까움, 미안함과 같은 연민에서 끝까지 착하게 살겠다는 신념을 지키기 위해 일상에서 정성을 다해 주변을 돌보고 배려하며 살아온 노인에 대한 존경심으로 엄마를 바라보게 된 것이지요.
　본인이 원하던 대로 98세 남편을 품에서 보내고 이사 준비과정에서 엄마가 간간이 이면지에 적어두신 글들을 접하게 되었습니다. 중복되는 것들은 정리하고 추려서 35편의 엄마 글에 이 글을 처음 본 자식들이 댓글을 달았습니다. 존경하는 아버지의 치매, 망상 증세가 낯설고 어렵기도 했지만 그것을 견디어 낸 엄마께 집중했습니다. 날마다 힘든 시간들을 스스로 격려하고 다독이고 꾸념하면서 펜과 종이를 친구삼아 견디어 내셨는지 알게 되었습니다.
　나도 모르는 사이에 어떻게 가족과 이웃과 모든 생명체를 배려하고 사랑하는 것인지 삶의 모범이 되어주신 엄마께 깊은 존경과 감사를 드립니다. 고맙습니다. 사랑합니다.

2023년 10월 30일 맏딸 예현주

차 례

프롤로그
열심히 정직하게 살았던 어미로 기억되었으면 - 최연하 / 5
그 가슴 뭉클한 이름 '어머니' - 맏아들 예병욱 / 8
엄마! 존경합니다. 고맙습니다. 사랑합니다 - 맏딸 예현주 / 10

1부 나는 잘 살았는가?
고향 연산의 추억 / 16
배려의 마음 / 21
착하게 살자 / 25
동생에 대한 애정 / 29
난 참 바보처럼 살았나? / 33
나는 누구인가? / 39
바램 / 43
빌게이츠를 만나다 / 49
긍정의 힘 / 55
 내 친구 붓들이 / 61
그땐 그랬지 / 65
쓰레기 단상 / 69
조각보 전시 / 74
 2022년 새해 다짐 / 79

2부 당신 덕입니다
미운 정, 고운 정 / 86
한번 군인은 영원한 군인 / 91
문화센터의 위로 / 96
아버지의 자존심, 속 타는 어머니 / 102
속상해도 내 남편이다 / 108
희로애락의 하루 / 117
자나 깨나 남편 돌봄 / 124
이혼은 아무나 하나 / 129
지켜주어야 할 무거운 존재 / 135
 삼식이 삼순이의 여유 / 140
결혼 면접 / 146

3부 고맙다 미안해 하지 마라

부탁 1 / 156
아내의 마음, 엄마의 마음 / 164
자녀 별명 짓기 / 170
불타는 지적 욕구 / 176
엄마, 할머니, 증조할머니로 산다는 것 / 184
자식이란? / 189
자식은 나의 희망 / 197
이미자 노래 / 202
코로나와 명절 풍경 / 206
부탁 2 / 213

최연하가 들려주는 <연하의 추억> / 217
구술 엄마 최연하/ 기록 맏딸 예현주

에필로그 / 229
장모님의 글을 모으고 읽으며 - 맏사위 장수명 / 230
저의 장모님의 되어주서서 감사합니다 - 작은사위 김종연 / 233

1부

나는 잘 살았는가?

고향 연산의 추억

가난한집 8남매중 5째 자식 둘째 딸로 태어나

나름대로 약 예뻤다고 했고 착하고 얌전한 계집애 소리 많이 들었다.

학교를 많이 못다녀서 항상 아쉬움과 부러움이 있었다.

큰오라버니는 세상에 태어나기 전부터 큰집으로 양자 차성규로 정해졌고

3살 아래 태어난 큰언니는 일찍 계집애가 태어나서 큰오빠 젖을 일찍

떼게 되었다고 큰어머니께 구박을 많이 받고 컸다함.

그 밑으로 작은 오빠 세째오빠 뒤이어 연산에 이사오시어 태어난것이

나 면한이다 아기때 외가집에 갔는데 아기가 너무예쁘다고

형낭 사람들이 아기를 뺏어 가서 젖을 먹일 새도 없었다는 말씀을

내가 많이 컸을때 하시면서 그때 젖어 행복 하시던 모습이 돌아가신

지 30년이 흘렀고 시집오기 훨씬 전 이야기 처음 들었고

한집에 살게 되면서 가끔 말씀 하실때 표정은 한결 같이 행복한 표정이었다

내가 시집 오기 전엔 항상 살기 바빴고 어머니 나 단 한기히 이야기들을 사이도

없이 살었다

흥층 시하에서 좋은 주늑 들어 마음놓고 잠 한번 먹이지 못하고

6남매를 키우시다 연산에 오시어 처음 기펴고 젖이라도 먹일수

있어 행복 하셨을 것이라는 짐작이다.

나중엔 줄곧 삯바느질 아버지는 복수일 그볼우 솜씨가 좋으시었고 농사도

조금 하시고 부지런 하시어 소작농도 하시다 나중에 자작농이 된것

같다. 둘째 셋째 오빠 월사금 낼때만 되면 두분의 한숨 소리가

마음 아프게 했던 생각이 지금도 들리는 듯 싶다.

어쩌다 옛 생각이 나서 써 보았다

    1979. 년 1월 어느날

다른 종이 쪽에서 옮김. 너무 바랜종이

18 전기
10.5 19280
     58190

맏아들
어린 시절을 회상하시며, 덧없는 세월에 눈물을 훔치셨을 어머니 모습이 선하다. 모든 사람들이 어려웠던 그 굴곡의 시절을 거쳐오신 어머니의 영화 같은 삶이 눈물겹고, 어쩌면 시집오기 전 연산의 어린 시절이 어머니에겐 그래도 가장 편안했던 시절이 아니었을까?

이제는 아흔 고개를 넘으신 굽고 조그마한 모습이 애처롭다. 딱히 배움의 기회를 접하진 못하셨지만, 많이 배운 어느 누구보다도 현명하고 굳세게 살아오셨고 이토록 풍부한 감성을 잃지 않으신 어머니가 자랑스럽다.

날이 따뜻해지면 모시고 연산에 다녀와야겠다.

둘째아들
오래된 일이라 어렴풋한 기억만 남아 있지만, 어렸을 때 우리 어머니를 따라 연산에 갔던 기억이 난다. 옛날 살던 곳이라고 보여 주신 집의 옆에는 작은 실개천이 흐르고, 조금 걸어가면 철길도 있었던 것 같다. 기차를 타고 통학하던 오빠들의 이야기를 하신 것도 기억 속에 있다. 이야기 속에서 오빠들에 대한 부러움과 공부를 못한 아쉬움이 어렴풋이나마 느껴졌었다.

"1979년 1월 어느 날" 적으신 글이니 벌써 44년이 지났지만, 고향은 여전히 우리 어머니 마음속에 그리움으로 남아 있을 것 같다. 그리고 이런 그리움이 밑거름되어 이제 구순을 맞이하시는 우리 어머니의 마음속에 이토록 따뜻하고 섬세한 감성이 넘치는 것이리라. 앞으로도 고향에 대한 그리움을 반추하며 좋은 글과 시를 많이 남기셔서 10년 후에는 '최연하' 작가로 등단하시기를 바란다.

맏딸
일반적인 통념상 아버지는 미남이시고 엄마는 미녀는 아니시니 우리 오남매 중 아버지 외모를 많이 닮을수록 외모가 좀 낫다고 했었다. 그런데 엄마의 글에서 나름대로 아주 예뻤다고 하시니 외모는 엄마를 쏙 빼닮은 나에게는 참 신나는 말이다. 그리고 그 말씀이 믿음이 가는 이유는 어렸을 적에 동네 할머니들은 나를 예쁘다고 칭송하셔서 속으로 젊은 남자들에게 미모를 인정받아야 하는데 할머니들 눈에만 인정받는 외모라니 하면서 끌끌 혀를 차며 신세를 한탄하던 내가 있었다. 아름다움이란 아주 주관적인데다 시대의 영향을 받는 것이어서 할머니들 눈에만 예쁜 나는 시대를 약간 벗어났구나 하는 아쉬움이 있었다. 외꺼풀이 미인이 되는 시대를 갈망하며 살아왔는데 평생 들은 이야기는 쌍꺼풀 수술만 하면 예쁠 텐데 하는 말이 나이가 들수록 더 압박으로 다가온다. 눈꺼풀이 점점 쳐지니….

존경스럽지만 좋아하기 어려운 외할머니의 모범적이지만 쌀쌀맞은 성격과는 달리 엄마의 남다른 감성과 다른 사람들에 대한 배려 깊은 따뜻함이 젖먹이 시절 받은 사랑 때문이었구나 싶다.

맏사위

"항상 살기 바빴고 … 한가한 이야기를 들을 시간도 없이" 장모님과 장모님의 어머니, 두 분은 함께 사시기 전까지 거의 서로 이야기를 나누지 못하셨구나. 그래도 함께 사신 이후에는 두 분이 많이 이야기를 나누신 것 같다. 한편으로 가슴이 아프지만 두 분의 따뜻한 관계가 느껴지는 행복한 시간을 함께 보내신 것 같아 반갑다.

"주눅들어 … 젖 한번 제대로 먹이지 못했다" 장모님의 어머니가 사시던 여성들의 고단한 삶과 유교적 질서의 숨막힘을 느낀다. 다행히 연산에 와서 장모님에게 마음껏 젖을 먹이셨다니 장모님은 어머니의 사랑을 듬뿍 받으셨구나. 반가운 이야기다.

작은딸

추억을 소환해 내는 일은 언제나 설렌다. 고통과 투쟁의 삶을 격조 있는 헌신과 섬김으로 디자인하며 살아오신 엄마의 소녀스러움이 살포시 묻어나는 글을 접하며 오래된 사진첩을 꺼내 본다. 부모님의 신혼 시설부터 막내가 태어난 이후의 가족 사진들, 삶의 변천사가 사진 속 엄마 모습에서 고스란히 나타난다. 참 고우셨다.

지금도 성품만은 여전히 품격 있으신 우리 엄마. 엄마 사랑해요.

작은사위

8남매 가정에서 다섯 번째 둘째딸로 태어나셨으면 구박덩어리 취급받았을 시절에 행랑채 사람들의 귀여움을 독차지하셨다니 대단한 미모였을 장모님! 그런 미모의 여인을 부인으로 얻은 장인어른은 신의 귀여움을 독차지한 분이시다. 미모 장모님의 딸을 중전으로 모시고 사는 나 또한 만만찮은 행운아다.

고향 연산에 대한 그리움이 클 수밖에 없으리라. 고향에 자주 가고픈 마음 풀어드리면 좋겠다.

막내아들

엄마가 쓰신 글을 읽는 것만으로도 얼마나 힘들고 어려운 시절이었는지 느껴진다. 엄마의 어릴 적 회상들을 상세히 들은 적이 없던 터라 낯선 느낌도 들지만, 나를 세상에서 제일 예뻐하셨던 외할머니(엄마의 친정엄마)에 대한 회상을 통해 잠시 잊고 있었던 나의 어릴 적 기억(늘 가족들로부터 귀여움을 받았던 기억)이 새록새록 떠오르게 된다.

정말 나는 행운아다. 이토록 행복하고 사랑 넘치는 가족의 막내로 태어나서, 그리고 그 누구보다도 현명하신 우리 엄마가 곁에 계셔서….

사랑합니다. 엄마

베낀 시.

황혼에 핀꽃 77P

시간과 인생 유연순(작) 77세

오늘도 시간과 내 인생은 흐른다
저 멀리 동녘하늘에서 방긋 웃으며 힘차게 솟아 햇님.
활기차고 미소짓는 내 얼굴이 밝은 햇살 잡고 하루를 시작한다.
여자의 운명을 지키면서 밝은 태양을 반기면서
다 못하고 가는 이치를 내 마음속에 심어놓고
흐르는 세월 잡고서 친구되어 걷는다
조금도 변함없이 하루를 보내는 나의 뒷모습
언제나 변치않는 하늘의 마음과 뜻이니 덧없이
가는 세월을 따르다 가리라
"청산은 나를 보고 말없이 살라 하고,
 창공은 나를 보고 티없이 살라 하네"
흐르는 세월 속에서 나의 인생을 창조하며
남은인생 몸과 마음을 하나로 묶어 친구되어
행복 누리리라
경노당 회원님들과 행복하게 살아가리라

お あいできて うれしです.
お

배려의 마음

> 내집오는 손님에게 친절을 다 하자.
>
> 눈을 크게 뜨고 보면 장단점이 꼭 있다.
>
> 어느때 장점이 먼저 눈에 띄었던 사람은 장점이 단점을 가리게 되고 단점이 먼저 노출 된 사람은 단점이 장점을 가리게 되어 안타까운 일이 아닐수 없다.
>
> 예쁜 보자기로 단점을 덮어주며 사는 노력을 하자.
>
> 예쁜 보자기를 많이 쓰면? 너무 아름답고 예쁨을 많이 받을것이당

맏아들

예쁜 보자기로 단점을 감싸주는 넓은 아량….

어머니는 평생을 그렇게 사셨다.

난 딱히 그렇게 살지 못한 것 같고, 자신은 없지만 앞으로라도 그렇게 살아보려 노력해보자.

둘째아들

'三人行必有我師焉 擇其善者而從之 其不善者而改之' 내가 좌우명으로 삼고 있는 공자님 말씀 중 하나이다. 선입견 없이 사람을 '있는 그대로' 보는 것은 물론 '좋은 사람도 나쁜 사람도' 배울 점이 있다는 마음가짐과 태도는 우리 어머니로부터 물려받은 천성이었으며 그 덕분에 오늘날 동료나 관계자들로부터 좋은 평가를 받을 수 있었던 것 같다.

우리 어머니는 이제 장단점을 있는 그대로 받아들이는 것에서 한 걸음 더 나아가 '예쁜 보자기로 단점을 덮어주는' 경지로 승화시키셨다. 나도 이런 예쁜 마음가짐을 이어받고 싶다.

맏딸
'내 집 오는 손님에게 친절을 다하자'란 글귀를 보니 우리와 함께 사셨던 외할머니가 생각난다. 따뜻한 심성이 느껴지는 엄마와는 달리 새초롬하고 차가우셨던 외할머니는 그런 인상과는 달리 우리 집에 들어온 행상들 누구라도 끼니 때라면 극진히 대접하셨다. 선지를 큰 다라에 담아 이고 다니시던 할머니, 때때로 간고등어, 조기 등을 팔러 다니던 아주머니는 여러 번 우리 집에서 식사를 대접받으시던 행상들이다. 어린 마음에도 외할머니의 그런 대접이 참 따뜻하게 느껴지고 덕을 쌓는다는 것이 함께 먹을 것을 나누는 것이구나 배웠던 것 같다. 엄마의 첫 글귀가 대를 이어 덕을 쌓는 모녀의 예쁜 보자기 만들기로 다가온다.

맏사위
보자기
보자기에 덮인 것은
정갈한 식사일 수도 있고
보자기에 싸인 것은
고귀한 보물인 수도 있는데
예쁜 보자기에 싸인 것이 사람이라니
단점과 장점을 모두 보는 안타까운 마음의 보자기

작은딸
때론
밤하늘의 고요한 달빛
때론
창가에 스미는 따사로운 햇빛
때론
파도의 몸부림에도 요동 없는 심연의 바닷속
그렇구나
부드러운 단단함이 보인다.
단점을 예쁜 보자기로 덮어 품어주는
엄마의 단단함은 깊고 부드럽다.

작은사위
어머님의 표현력은 대단하다.
예쁜 보자기로 덮어주면 예쁜 보자기 세상이 되겠지….
언젠가 들었던 어머님의 말씀 "맞고 틀리고는 수학에나 있고, 사람의 마음은 제각각이야"
긍정의 힘을 느낀다.
잘한다고 하면 진짜 잘하는 세상사를 어머님은 일찍이 깨우치신 것이다.

막내아들
생각의 차이가 세상을 바꿀 수 있다는 믿음을 가지게 하네요.
제 사회생활의 지혜가 어디서 나온 것인지 왜 주변 사람들과 좋은 관계를 형성할 수 있었는지
그 해답을 보여주는 내용입니다.
사랑하는 우리 엄마 자식들에게, 특히 막내아들에게 훌륭한 DNA 물려주셔서 감사합니다.
알고 있다고 할 수 있는 게 아니고 물려받은 유전자 속에 이유가 있네요.
조상의 공덕이 무엇인지 실감할 수 있는 엄마의 공덕입니다.

막내며느리
생각에 잠기게 하는 글이네요.
어머님의 깊은 물 같은 분이시라는 생각이 다시 한번 듭니다.
던져진 돌에도 소리 없이 고요하고 요동하지 않는 깊은 물 같은 마음을 가지신 우리 어머님….
어머님의 며느리가 된 것에 감사하게 되는 금요일 밤입니다.
어머님 진심으로 존경합니다.

★ 듣는 것이 힘 ★

남의 말을 잘 듣는 사람은 어디서나 환영 받으며 풍요한 지식을 얻게 된다.

말하는 것은 지식의 영역이고 듣는 것은 지혜의 영역이다.

어떤 칭찬도 동요하지 않는 사람도 자신의 이야기에 마음을 빼앗기고 있는 상대에게는 마음이 흔들린다.

말 잘하는 사람에게는 귀를 멀지만 잘 듣는 사람에게는 마음을 연다. 이야기를 듣는다는 것 다정한 태도로 상대의 말에 귀를 기울인다는 것.

그것은 내 생각을 전달하려 하거나 상대를 설득 하겠다는 욕심 버리고 오로지 듣는다는 것이다.

착하게 살자

> 너무 너무 미운 사람, 미운 소리오해서 나를 아프게 하는 사람,
> 잠지 후에는 불상한 사람
> 불상해서 마음껏 미워 도미워하지 못하는 사람. 참 딱한 사람이다.
> 상처를 받고 분해서 억울해서 홀로 몸부림 치다가 깜박 생각이 든다.
> 사람을 미워 하지 말고 병을 먼저 하자 하니 나보다 더욱 괴롭겠다 생각이 든다
> 너는 누구이기에 그리 아파 하는가? 나는 착한사람! 어려서부터 착하던 착한사람
> 이었다. 착하다는 소리가 듣기 좋고 착하다 칭찬하는 어른들의
> 몫청! 커서 생각 해 보니 행복해 보였던 것 같다.
> 나도 착한사람이 되고 누구를 많이 칭찬 해 주며 살자는 마음이었다.
> 착하게 사는것이 인간의 기본인줄 알었다
> 무조건 착하게 살면 하늘에서 복을 주는줄 알었다.

맏아들

치매 노인을 모시는 게 인내심 없인 엄두도 못 낼 일이다.

매사에 긍정적이고 정신력이 대단하셨던 아버지는 뇌졸중으로 쓰러지신 후에도 마비된 몸을 추스르며 한동안 혼자 걸으시며 온전한 정신도 유지하셨지만, 해가 거듭될수록 서서히 몸도 마음도 병 앞에 나약해지셨다.

거동이 불편한 몸은 어머니를 육체적으로 힘들게 했지만 혼미해지는 정신은 훨씬 버티기 힘들 정도로 어머니를 정신적으로 힘들게 했고, 나날이 그 정도가 심해졌다.

"참고 힘내세요. 치매시잖아요."

힘들어하실 때마다 어머니 편이 되어 힘이 돼 드리려 했지만, 그게 무슨 소용이 있었겠나?

지금 뒤돌아봐도 힘들어하시던 어머니의 모습이 눈물겹다.

둘째아들

최근 트로트 경연대회가 인기를 끌고 있다. 모 경연대회에서 우승을 차지한 가수는 콘서트를 열면 몇 분 만에 입장권이 매진되고 방송이나 행사에는 회당 출연료가 수천만 원이 넘는다고 한다. 이런 인기는 가수 개인의 출중한 역량으로부터 기인한다고 볼 수도 있지만, 다른 한편으로는 트로트 가사에 녹아 있는 우리 민족의 정서가 원인이라고 볼 수도 있다.

"너무너무 미운 사람. 미운 소리로 나를 아프게 하는 사람. 잠시 후에는 불쌍한 사람. 불쌍해서 미워도 마음껏 미워하지 못하는 사람" 마치 인기 있는 트로트에 나오는 가사와 같아 더 마음에 스며드는 우리 어머니의 글솜씨다. 아마 등단한 웬만한 시인이라도 명함을 내밀기 부끄럽지 않을까 싶다. 앞으로 마음속에 갈등을 일으키는 '착하게 살기'보다는 인생을 즐기시면서 글솜씨를 발휘하여 시인이자 작사가로 등단하시는 우리 어머니를 꿈꿔본다.

맏딸

유전인가? 나도 한때는 사람이 부자가 되거나 능력이 뛰어나거나 하는 바람은 뜻대로 되기 어렵지만 착하게 살고자 하는 것은 맘먹으면 되니 착한 사람이 되기로 작정했던 적이 있다. 지금은 착하게 사는 것도 꼭 뜻대로 되는 것은 아니고 자칫하면 주관이 뚜렷하지 않아 남에게 이용당하기 십상인 사람들이 착하다 소리를 많이 듣는 것을 보고 쉽지 않지만 나 자신에게 정직하게 살기로 목표를 바꿨다.

나는 포기했지만 여전히 착하게 사는 것을 붙들고 계신 엄마는 참 대단하다. 착하다는 것이 주관적이어서 해석이 분분할 수 있지만 일반적으로 다른 사람에 대한 예의와 배려심을 잃지 않는 것을 말하는 것 같다. 엄마는 그런 면에서 탁월하시다. 그 배려심은 사람을 넘어서 동물과 자신이 키우는 채소한테까지 미친다. 요즘처럼 가뭄이 계속될 때 오이를 제대로 돌보지 못했는데도 예쁜 오이를 맺은 것을 보시고는 미안해서 성큼 따지 못 하시겠다 하신다. 다른 생물들의 삶, 생태계를 걱정하시고 삶에서 보듬으신다. '좀 단순하게 사시지' 하고 불평할 때도 있었지만 엄마 삶의 복잡함은 배려와 사려 깊음에서 오는 것임을 안다.

맏사위

우리는 누구나 삶의 지향, 방향을 갖고 있다. 각자가 가진 삶을, 생을 살아가는 소박한 철학이라고 생각한다. 이 생각이 사람들의 삶의 이력을 변화시켜 간다. 그리고 자기 삶에 녹아 있는 철학이 된다.

어떤 사람들은 이 지향을 쉽게 바꾸기도 하고 또 편의대로 활용한다. 예를 들어 부자가 된다거나, 부자가 되고 나면, 이제 행복한 삶을 지향으로 삼기도 한다.

장모님은 여러 가지 어려움을 경험하면서도 '착함', '선함'에 대한 분명한 지향을 갖추고 있었던 것 같고 이런 천성을 가진 것 같다. '착한 소리를 듣기 좋았고 … 표정이 좋았다'니 그렇다. 착하게 사셔서 아름다움을 꽃 피우시고 진리에 대한 직감을 가진 것 같다. 착하게 산다는 것은 진선미의 하나인 선이고 진리나 아름다움보다 사람살이를 풍성하게 한다. 이 선은 인류의 보편적 지향은 중심축에서 가장 개인적 각오와 결의와 희생을 요구한다. 장모님은 선을 추구하여 진리와 미를 완성하신다.

작은딸
'불쌍해서 미워도 마음껏 미워하지 못하는 사람.'
'사람을 미워하지 말고 병을 미워하자. 나보다 더욱 괴롭겠다.'
중풍으로 쓰러지신 후 20년이 넘도록 엄마의 수발을 받으며 늙어가신 아버지….
밝고 긍정적이며 활동적이셨던 아버지는 이제 약간의 치매 증상에 점점 쇠약해지는 몸으로 본인이 착각하신 생각 그대로 엄마를 괴롭히셨다. 몸도 힘든데 마음도 힘들어 순간순간 엄마는 좌절하셨다.
그러나 이내 곧 엄마는 아버지를 불쌍하게 생각하는 측은지심으로 극복하신다. 늘 반복이었다.
비단 아버지와의 관계에서 뿐만이 아니었다. 엄마는 자녀에게도, 그 배우자에게도 같은 마음으로 스스로 다스리신다.
가끔 '착하게 살고자 했던 게 바보 같은 생각인가 보다.' 하신다. 마음이 몹시 아프다.
나도, 누구도, 엄마를 상하게 하는데 예외일 수 없다.
죄송스럽다.
하나님은 아시겠지. 속죄의 마음으로 수없이 기도한다.

작은사위
착하게 살면 하늘은 복을 주시겠지….
법 없이도 사는 착한 사람 중에도 사고로, 질병으로, 가난으로 고통받는 경우를 종종 본다.
반면, 세상의 못된 일은 도맡아 한 사람 중에는 잘 먹고 잘 사는 사람도 있다.
그래도 우리는 착하게 살기를 권한다. 이것이 인간의 기본 정서인가 보다.
그러나 실천은 쉽지 않다.
그런데 어머님은 실천하셨다. 그래서 어머님을 존경한다.

막내아들

 견딜 수 없는 어려운 상황에서 내적 갈등이 극에 달할 때마다 새로운 돌파구를 만들 수 있다는 건 보통사람들이 흉내내기 어려운 일이다. 그 어려움이 끝이 보이지 않는다면 누구나 좌절하고 좌초되어 헤어나지 못 할진데…. 우리 엄마를 지탱하는 힘은 무얼까?

 그것을 알아낸다면 아인슈타인의 상대성이론보다 위대한 발견 아닐까?

 인터스텔라의 결말은 중력이 모든 것을 만드는 힘이고 차원을 관통하는 절대적인 힘이지만,

 그것을 움직이는 건 사랑이라는 메시지를 던진다. 할리우드의 위대한 감독들이 깨닫고 관람자들에게 전달하고 싶었던 깊이 있는 사랑의 의미가 우리 엄마를 만나면 한없이 초라해 지리라.

동생에 대한 애정

한서방 내외가 우리에게 잘해준것을 잊지 않는다.
항상 고맙게 생각하고 살았다. 제부는 이미 딴세상
사람이 되였지만 동생이나 건강 했으면 얼마나—
좋을까 너무나 아쉽고 마음이 아프다.
동생이 건강했을때는 너무나 서로 바쁘고 내가 너무 곤란 하게
사는 입장이어서 깊은 사정이야기 할새도 없이 살다가
내가 조곰 숨좀 쉬고 살을까 했을때 는 미국으로 이사를 가기도
결정 해놓고 통보 하는 식이었다. 미리알았어도 내뾰사가
통할리 없었겠지만 똑똑한 동생이지만 정신이 어떻게
되였나? 싶은 생각이 들었었다.
아무튼 가서 마음먹는데로 잘 살았으면 하고 간절히
바랬다. 평생에 한번도 못가는 미국을 이웃집 도나드는 동생
이 어쩌다 저리 되였는지! 너무도 마음 아프고 불쌍하다.
2002년에 출국한 사람이 2004년 5월에 고국에 다니러와서
우리 5남매가 큰오라버님 뵈오러 서울에 따러서 식사도 하고
사진도 직고 그대가 가장 좋았고 행복 했던것 같다.
서울 막내 동생이
K.T.X 기차표를(왕복) 청주작은오빠. 셋째오빠内외 우리내외
미국 동생 6장을 사서 보내 주어 잘 다녀 왔지만 마음 한국서언
서울 막내 동생이 너무 비용을 많이 써서 고맙지만 마음이
너무 무거웠다. 돈 5만원만 봉투에 넣어서 큰오라버님
책상위에 올려 놓고 서울역에 마중나와 우리를 태어다준
정아에게 5만원만 주었으면 자동차 기름값이라도 되였을
터인데— 싶은 아쉬움이 지금도 가끔 생각이 날때가 있다.
10 여년이 흘러간 지금도 일이지만 잊혀지지 않는 미안함이
생각이 나서 적어 보았다.
2015 어느날 새벽에

맏아들
한 부모 밑에 태어난 형제는 가장 끈끈한 혈육이다.

시집 장가가서 또 다른 새로운 가정을 꾸리고 바쁘게 살다보면 잠시 잊고 지내기도 하지만, 곰곰이 생각해 보면 어릴 적 추억과 그리움, 애틋함이 묻어 있는 가장 귀하고 아껴야 할 사람들이다.

부를 이뤘지만 병을 얻어 오랜 기간 고생하시다 돌아가신 여동생과 타고난 천재성으로 최고의 학부를 최고의 성적으로 졸업하고 유능하셨지만, 어찌 보면 정치적 격랑 속에서 뜻을 제대로 펼쳐보지 못한 막내 동생에 대한 애틋함이 특히 남달랐다.

둘째아들
'정금당 정금당 금은시계는 친절하고 신용 있는 정금당으로' 이 글을 보면서 문득 정금당 이모의 큰딸이 '무궁화'라는 동요를 개사하여 만든 정금당 홍보 노래가 기억났다. 어린 나이였던 내가 보기에도 막내 이모는 여장부이셨다. 한 성격 하던 이모부 때문에 고생을 하시면서도 4남매를 훌륭하게 기르면서 정금당을 대전 유수의 금은방으로 키우신 것을 보면서 정말 대단하다고 생각했었다.

막내외삼촌은 그냥 봐도 '똑똑한 사람'이라는 생각이 들었다. 날카로운 눈매에 갸름한 턱선을 하신 외삼촌은 '공부 잘하게 생긴 사람'으로 보였으며, 실제로도 서울대학교 공대를 졸업한 최고의 엘리트였으며 전공 분야 최고의 인재로서 청와대에 중요한 정책 제안을 앞두고 있었으나 10.26 사태로 무산되어 너무 안타깝다는 우리 어머니의 푸념을 들은 기억이 난다.

돈 잘 버는 똑순이 여동생, 우리나라 최고 학벌인 서울대학교 공대를 졸업한 남동생, 둘 다 우리 어머니의 마음속에 커다란 자랑거리가 아닐 수 없었을 것이다.

그러나 인생의 굴곡은 우리네 짧은 식견으로는 알 수 없는 것인가 보다. 세월이 흘러 이제는 병마에 시달리는 여동생과 기대만큼 활약하지 못한 남동생의 현실을 아파하고 안타까워하는 우리 어머니의 따뜻한 시선이 느껴진다.

큰딸
위의 글을 쓰실 때는 아마 이모가 요양병원에 입원하고 계셨을 때인 듯하다. 지금은 이모도 돌아가셨다. 자매들끼리는 성별이 다른 남매들과는 다른 애틋한 정이 있다. 특별히 가부장적 남아선호사상이 지배하던 사회에 사는 자매들은 특히 사회적 약자로서의 동지애가 있다. 자매라지만 성격도 다르고 사는 처지도 달라 애정을 표현하는 방식도 달랐지만 서로를 위하는 마음은 같으셨던 것 같다. 이모는 경제적으로 어려워 고생하는 언니를 늘 안타까워했고 엄마는 똑 부러지고 사리분별 분명하고 치마만 둘렀지 사내들 못지않게 배포있어 경제적으로 성공했지만 너무 바쁘고 쉴 틈 없는 속에서 정서적 위로가 필요한 이모를 안타까워했다. 유난한 성격의 남편과 사별 후 편하게 사는 것보다 미국행을 선택한 이모가 대단하다 싶었지만 병을 얻어 돌아오신 듯 점점 안 좋아지시더니 요양병원에서 생을 마감하셨다. 가끔 뵙는 나도 너무 마음이 아프고 안타까운데 엄마는 오죽하시랴…. 요즘 들어 동생이 보고 싶다고 자주 말씀하신다.

맏사위
형제자매에 대한 장모님의 애틋한 마음이 느껴진다. 자기 애정을 말로는 다 표현하시지 못했지만, 글에서 어머니의 안타까움이 나타난다. 아픈 동생을 생각하며 새벽에 일어나서 이 글을 쓰는 그 심정이 어떠하셨을까? 이후에 먼저 동생을 보낸 언니의 마음은 어떠하셨을까? 섬세한 어머니의 배려와 사랑이 가슴 아프게 전해 온다.

작은딸
한서방은 이모부를 가리킨다.

내가 어릴 적 그 당시 대전역 근처에서 제일 잘나가던 금은방을 하시던 이모네의 부유함은 어린 내가 보기에도 부러웠다. 이모네는 나와 또래인 지영이가 있어서 자주 놀러 가면서 친하게 지냈다. 이모네 집엘 가면 그 귀한 짜장면을 먹을 수 있었다.

잘 사는 이모는 가난한 언니인 엄마에게 경제적으로 도움을 자주 주셨다. 가까이 사는 자매였어도 엄마의 삶이 고되고 여유가 없다 보니 이모부가 돌아가신 후에도 서로 어울릴 시간도 없이 살다가 이모는 돌연 미국엘 가셨고 귀국하시어 오래지않아 병이 나서서 요양원에 계시다 돌아가셨다.

엄마가 몹시 마음 아파하셨다.

이젠 엄마에겐 하나 남은 동생 막내외삼촌. 한때 잘나가던 유능한 인재 막내외삼촌의 삶도 노년기에 들어서는 누나의 마음을 아리게 하는 동생이 되셨나 보다.

나와 5살 차이 나는 막둥이 동생 명용이! 그 동생에 대한 애정이 끔찍했던 어린 시절 모습이 생생하다. 난 한때 동생의 수호신을 자처했다. 누구든 내 동생을 울리면 끝까지 쫓아가 응징(?)했다. 집으로 도망가면 집까지 쫓아갔고 그 아이의 엄마가 대신 나오면 자초지종을 설명하고 앞으로 이런 일 없게 하라고 으름장을 놓던 용감한 누나였다. 그 당시 나이가 10살 무렵이었으니 어른들이 보기에 기가 막혔으리라. 수호신 역할은 초등학교 내내 계속되었고 내가 사춘기에 접어들 때쯤 그런 극성스러움은 멈췄지만 여전히 동생이 예뻤다. 내가 대학생 때 동생이 사고로 입원했을 때 대변통까지 처리한 적이 있는데 잔뜩 싸놓은 똥도 예뻤다. 그래서 엄마의 마음을 안다.

이것저것 마음으로 온갖 것을 해주고 싶은데 그러지 못하고 미안해하시는 엄마의 마음이 와 닿는다.

작은사위
누구에게나 과거의 사연은 구구절절 아리다. 가난에 찌든 삶을 살아야 하는 서민들에게 '나 때는'은 역사다. 시간이 흘러 잘사는 지금도 어제는 과거가 되어 '그때는' 전설을 만든다.

어머님의 형제자매 사연은 다른 면이 있다. 서울역으로 마중 나온 정아 조카에게 기름값을 주지 못한 아쉬움, 기차표를 보내준 막내 동생에 대한 미안함. 어쩌면 당연하게 받아들일 수 있는 일이지만 세세하게 아쉬움과 미안함을 갖고 계신다.

상대방에 대한 배려의 마음에서 다시금 깊은 어머님의 인간애를 느낄 수 있다.

막내아들
초등학교 1학년 즈음(아마도 79년도인 듯 하다) 동네 사는 친구와 함께 놀러다니다가 우연히 이모가 운영하시는 정금당(대전에서 가장 유명했던 금은방)까지 간 적이 있었다.

초등학생의 걸음으로는 아마 1시간은 족히 걸릴 거리였을 텐데, 어쩌다 그곳까지 가게 되었다. 이모는 엄마에게 전화하셔서 "언니 막내아들 병용이 어딨어?"라고 장난스레 물으셨다고 하는데, 여튼 장부 같은 이모였지만, 혈육이라는 끈으로 제일 가까웠던 언니의 막내아들이 갑자기 찾아온 것을 너무나 이쁘게 봐주셨던 어슴프레한 기억이 있다.

엄마는 항상 이모에 대해 말씀하시길 남자로 태어났으면 장관쯤은 했을 거라 하시면서 안타까움과 함께 잘 살고 있는 동생에 대한 자부심을 감추지 않으셨다. 이제는 엄마의 동기간이 대부분 떠나시고 방배동 사시는 막내외삼촌을 가장 그리워하고 안타까워 하신다.

막내외삼촌도 우리 엄마를 많이 그리워 하시는 것 같은데, 여건이 녹록치 않은 관계로 그저 두 분 모두 서로에 대한 그리움과 안타까운 마음을 간간히 전화를 통해 안부를 확인하는 것으로 대신하시는 것 같다.

올 휴가 때는 엄마를 모시고 막내외삼촌댁에도 방문하고 엄마의 고향 연산에도 다녀와야겠다.

난 참 바보처럼 살았나?

특별히 급한일 없으면
아침에 일어나면 먼저 하늘 일
감히 명상이라 할까? 반성도 하고
큰 욕심 안부리는 희망도 원하고 바라는데지
4, 5개월 밖에 안되었지만 ……

요지음 몸씨 몸과 마음이 요동을 칠려고 한다.
내 살같은 자시끼들 건강을 원하고
서로 사랑하고 배려 하는 마음으로 남을 바라보면
예쁜것만 보일터인데 예쁜것만 보다보면 내 입에서
예쁜 말만 나올터인데 ……

2017. 3월 어느날 너무 힘들어 횡설 수설

한평생 자직위해 남편위해 버존재감 잊고 살았다
오늘날 결과는 과연 무엇인가!
걸어온 길을 후회 할때가 있으니 말이다
나 아닌 사람은 믿기 어려울정도로 까 본일이 살았다
그때는 바보같다는 생각이 아니었다.
행복하라고 했었다. 누구를 위해서가 아니고 당면한 일이었다.
남이 할수없는 일 했을때 자랑스럽고 행복했었지.'
남을 배려 하는일. 참을성 분노 억제 라고 살았던 일 지금생각
하니 너무바보 같다. 되돌릴 없는 일을 왜 후회 하나?
하는짓 마다 참 바보였구나!
지난날 해온 행위가 바보같은게 아니라 그것을 후회 하는 지금 짓이
바보 같은게 아니라 바보다.

너는 지금 너를 학대 하지마
너는 너를 이겨야 해 지지마
너를 이기지 못하면 진짜 바보다. 정신좀 차리고 지난날 그느때 행복 했던것 찾기

맏아들

평생을 남편 위해 자식들 위해 힘들게 사셨으니 아무리 보람된 일이었을지언정 어찌 후회가 없으랴?

가치 있는 일이라 믿고 살았지만 그 결과 나는 무엇인가?

너무 힘들어 갈등하지만 마음을 다잡으려는 어머니의 고뇌를 어찌 헤아릴 수 있겠는가?

"지난 일들이 바보 같은 게 아니라 후회하는 지금의 내가 바보다."

둘째아들

 승리를 기념하는 반지에 '기쁨을 억제하지 못하게 될 때 그 마음을 조절할 수 있도록, 절망에 허우적거리게 될 때 용기를 낼 수 있도록' 만드는 글귀를 세공하라는 다윗 왕의 명령을 받은 세공사는 고민 끝에 지혜의 대명사인 솔로몬 왕자에게 도움을 청하게 되었는데, 이에 대한 솔로몬의 답변은 "이 또한 지나가리라"였다고 한다. (This, too, passed away.)

 "평생 남편과 자식을 위해 나 자신을 잊고 살았는데 남은 것이 무엇인가"라는 우리 어머니의 절규가 내 마음을 후벼 파는 것 같다. 어떤 업무를 추진하다 보면 생각처럼 잘 안 되는 일도 있고 더 심하게는 믿었던 동료로부터 배신을 당하는 일도 있는데 이런 때는 정말 "내가 헛 살았나"하는 생각에 세상이 원망스럽고 아무것도 하기 싫어진다. 길지 않은 한순간의 일에서도 이런 감정을 느끼는 게 '사람'인데, 평생을 바쳐온 일이 아무런 보람도 없다고 생각된다면 정말 모든 인생이 잘못된 것으로 느껴질 것 같다. 이런 허망함과 후회 속에서도 우리 어머니를 지탱해 온 것은 "너는 지금 너를 학대하지마. 너는 너를 이겨야 해. 지지마. 너를 이기지 못하면 진짜 바보다"라는 다짐이 아니었을까.

 우리 어머니께 조심스럽게 말씀드리고 싶다. 평생을 함께 하고 말년에는 병시중하며 정성을 다해 모셨던 남편으로부터 느끼는 배신감, 내 살처럼 사랑하며 아낌없이 뒷바라지했지만 마음처럼 따라주지 않는 자식들에 대한 안타까움과 미련도 "이 또한 지나가리라."

맏딸

 얼마 전에 누군가에게 '바보, 멍청이'라는 욕을 들었다. 선생들은 맨날 앵무새처럼 같은 말만 애들한테 되풀이하니 세상물정 모르는 바보라는 것이다. 맞는 말이다 싶으면서도 기분이 매우 나쁘다. 아무리 옳은 말을 해도 나한테 하는 공격은 상처가 된다. 근데 엄마가 스스로 바보같이 살았다고 하시는 바보는 좀 다른 의미 같다. 자신을 잊고 다른 사람을 돌보고 배려하고 살아온 세월에 대한 한탄이다. 그 덕에 자식들은 편하게 살았다. 엄마가 할아버지, 아버지를 끝까지 돌보시고 우리에게도 덕담만 하시니 우리들은 엄마 덕분에 참 편하게 살아왔다. 큰 풍파없이 살게 된 것도 다 엄마가 덕을 쌓으셔서 그렇다 싶다. 그렇지만 엄마가 바보처럼 살았다고 자책하시게 되는 일이 없었으면 좋겠다. 더욱이 자식들이나 가족들 때문에 이런 생각을 하시지 않도록 우리가 얼마나 엄마께 감사하는지 시간나는 대로 말씀드려야겠다. "엄마 덕에 삽니다. 고맙습니다."하고

맏사위
정체성을 붙잡고 사는 사람만이 정체성에 대한 의문을 품는다. 장모님의 이 글은 자기돌봄의 깊은 성찰을 아픈 마음으로 쓰신 것 같다. '바보'라는 아호를 가진 고 김수환 추기경과 '난 바보처럼 살았었네'라는 노래가 노을 진 저녁 강을 바라보는 내게 떠오르게 한다. 장모님의 자기를 찾는 슬픔이 느껴진다.

작은딸
'2017. 3월 어느 날 너무 힘들어 횡설수설'
힘들지 않은 날들이 있었을까? 싶은 엄마의 하루하루 건만 이날은 뭔가 더욱 엄마의 심정이 분주하심을 느낀다.
'바보같이 살았다.'
엄마가 몹시 힘든 상황을 이겨내시느라 몸살 중인 듯하다.
철없는 우리들 때문인가 보다….

작은사위
'살아온 날이 바보 같은 것이 아니라 후회하는 지금이 바보 같다.'
후회 없는 삶이 어디 있으랴! 아무리 잘 살아왔어도 지나간 시간은 늘 미련이 남는다. 뿌듯한 감정보다 후회의 감정이 큰 것이 정상일 것이다. 자신을 돌아보고 또 다독이고 다짐하고…. 어머님의 고된 삶이 폭발하지 않고 주변을 안정시키고 지금까지 이어온 비결일 것이다.
자신의 감정을 승화하려는 몸부림이 느껴진다.
하고픈 말 행동 다하고 사는 현세대에게는 "왜 그렇게 살지?"라는 조롱을 들을지 모르지만 삶은 아픈 만큼 성숙해지는 만고불변의 진리가 있는 것이다.
가시는 길 험하고 거칠지라도 어머님의 마음의 길은 꽃길이길 빌어본다.

막내아들
위의 글은 지나온 세월에 대한 회한도 있겠지만, 내게는 다른 것이 보인다.
여전히 엄마를 힘들게 하고 신경 쓰시게 하는 일들….
자손들이 서로 사랑하며 행복하게 살기를 바라시는 엄마의 마음과 달리 뭔가 크지 않지만 소소히 삐걱거리며 위태로워 보이는 모습들이 엄마의 마음을 괴롭게 하는 것일 수도 있겠다는 생각이 든다.
과연 아버지 생전에 치매로 엄마를 괴롭히던 일들만 없었으면 모든 게 평안했을까?

자식들 모두 각자의 환상에 취해, 갑작스런 병환으로 몹쓸 치매까지 얻어 엄마를 힘들게 만든 아버지 모습만 생각하고 안타까워하며, 우리 스스로의 잘못을 억지로 모른 체하며 지낸 건 아닌지 의문이 든다.

운전을 그만 두려는 마음

오늘따라 어찌이리 심란하고 허전한지알수없다
차를 가져가서 몹씨 염려스럽다
하나 하나 제물건을 찾아 자는 것을 보니 간다고 생각이되어
부모 곁에서 떨어져 간다고 생각되어서인지?
아니면 내가 운전면허증을 몇 써 먹을 기회가
없어 지는것같아 몹씨 서운한것도 틀림없다
백로 원래 7월초 무말에나 온다고 하기에
예주중에 연습중(황선생한테) 해가지고
가 센타에서 차를 찾아다 타볼예정이었다
연습해보고 할 자신이 서면 병용이 보고 양보
해서 다음에 가져 갈것을 청 요청할
예정이었는데 -- 항상 먼저 할일 나중할일을 구분
          도 못하고 바쁜기만 한 나자신 한심스러
3개월이나 세워 놓았을때 연습 못하고
이제 보험이 다 끝이 난 뒤에 뒷북치는
행위가 얄밉고 화가 난다.

나는 누구인가?

세월 참 빨리도 간다
무엇이 그리 바쁜지 빨리도 간다
옆에도 위로 안 돌아 보고
숫자만 내게 주고 빨리도 간다.
뭘 하지도 않는데 숫자가 내 어깨를
무겁게 짓 누른다.
　　　10. 30

바쁘게 달려가는 세월에 매달려 가는
나는 무엇을 하고 있나?
종착지도 모르고 기한도 모르고
세월 속에 아니 세월 끝에 매달려 있는
내 모습 장한 일일까? 바보 같은 일인가
　　　10　 31

맏아들
아버지의 사랑스런 아내
5남매의 자랑스런 어머니시지요.

둘째아들
나이가 들수록 시간이 빨리 간다고 한다. 30대에는 하루 단위로 시간이 가는 것 같았는데 40대가 되면 일주일 단위로, 50대에는 한 달 단위로, 60대가 되어 정년이 다가오면 학기 단위로 시간이 지나간다며 쓴웃음을 짓던 선배 교수들이 생각난다.

그렇지만 시간은 항상 일정하게 흐르는 것 아닐까? 어렸을 때는 흐르는 시간보다 내가 더 빨리 천방지축 움직이다 보니 시간이 느리게 흐르는 것 같고, 나이가 들수록 나의 움직임이 서서히 느려지니 점점 시간이 빨리 흐르는 것 같이 느껴지는 것이 아닐까? 그러니 시간이 점점 빨라지고 내가 느려지는 것을 느끼는 것은 무척이나 자연스러운 현상이 아닐까?

이제 겨우 환갑이 지나 이렇게 세월의 흐름에 순응하려는 나는, 구순을 맞는 지금도 세월의 흐름에 고민하시는 우리 어머니의 글을 보면서, 반성과 함께 인생에 대한 나의 마음가짐을 더욱더 적극적이고 긍정적으로 바꿔야 하겠다고 생각한다.

"환갑이 지난 자식에게도 새로운 가르침과 깨달음을 주시는 훌륭한 우리 어머니, 세월의 흐름에 너무 고민하지 마시고 이제는 세월을 즐기세요."

맏딸
퇴직을 하고 나니 하루하루가 정말 빨리 지나간다. 한 일 없이 지나간다. 생각해보면 한 일이 있긴 한데 어영부영 지낸 것 같다. 90세 엄마는 지금도 전화를 드리면 어느 새 아침 일찍 일어나 지하철과 버스를 환승해가며 1시간 거리에 있는 가오동 밭을 돌보고 오셨다. 나이를 잊으신 채 여전히 의미있는 일, 생산적인 일을 하고 싶어 하신다. 그냥 산책나갔다가 이러느니 밭에 있는 농작물을 가꾸자 하고 가신다. 힘들 때에도 밭에 있는 채소들이랑 돌들이랑 이야기를 나누며 마음을 달래셨다니 엄마에게 밭은 아픔과 슬픔과 기쁨을 나눈 남다른 절친일 게다. 그렇게 바쁘게 살아오신 엄마가 세월의 무상함 속에서 자신의 삶을 돌아보며 쓰신 글이 시처럼 다가온다. '세월 속에 아니 세월의 끝에 매달려 있는 내 모습'이란 표현은 그림처럼 엄마의 심정을 만나게 한다. 열심히 사시면서 세월을 따라가려다 보니 그런 자신의 모습이 그려지는 것 아닐까? 세월아~ 네월아~ 가든지 말든지 하는 나는 구경꾼처럼 세월이 참 빠르구나 문득문득 느낄 뿐, 언제 발등에 불 떨어지면 엄마처럼 세월에 무관할 수 없는 자신을 발견하겠지….

맏사위

나는 무엇을 하고 있나?

두레와 선아를 키우면서 앞으로의 세월을 생각하여 본 적이 있다. 은퇴할 즈음에 두 아이 모두 공부를 끝내고 일자리를 잡고 사회에 정착할 거라 생각했다. 그런 세월이 거의 다 지나가고 있다. 장모님뿐만 아니라 우리 각자는 지나온 세월의 바탕 위에서 세월의 끝에 달려 있는지 모르겠다.

장모님이 "세월의 끝에서 나는 무엇을 하고 있나?"라고 자문을 하신 것은 자신의 삶의 정체성을 끝까지 놓지 않으시려는 선명한 정신을 갖고 계시기 때문일 것이다. 생산적이고 의미있는 삶을 사시려는 노년의 이 소박한 간절함이 당신의 마음과 생각을 맑게 하시는 것 같다. 경우 없는 말을 하지 않으시고 어떤 경우에도 타인에 대한 배려를 갖추시고 모든 이들에게 예를 다하시는 것이 아름답다. 비록 허리는 굽고 다리는 불편하시고 세월의 기록을 담긴 노안이시지만, 그 눈빛과 생각은 소녀이시다. 노년의 솔직함과 지혜는 웃음 속에 빛나신다.

작은사위

숫자만 내게 주고 가버린 세월, 세월의 끝자락에 매달려 있는 내 모습!

사노라면 시간을 잊고 무한 경쟁 속에서 허우적거리는 자신을 볼 때가 있다. 남을 부러워하면 불행이라는 말을 닳고 살면서 남의 떡이 커 보일 때면 무능을 자책한 적이 한두 번이 아니다. 정년을 하고 뒤돌아보니 어머님의 말씀이 시적으로 가슴을 적신다. 90년 사신 어머님의 회한이 60 초반의 청년에게 감동을 주는 것은 진리이기 때문이리라.

막내아들

작가의 고뇌 속에 탄생한 글이 독자의 상상력을 만나 자유롭게 날갯짓을 하는 것 같다.

내가 너무나도 게으른 탓에 누나들, 매형들 글을 먼저 읽게 되었다.

90노인의 글이라고 믿겨지지 않는 시적인 표현들과 이를 해석해 내려가는 자식들의 글들….

악플러가 판을 치는 요즘 세상에 부모의 깊은 뜻을 조심스레 좋은 면만 바라보고 해석하려는 선한 글이, 늦은 밤 피로에 지쳐 잠에 빠져들기 직전, 기분좋은 꿈을 선물 받게 한다.

〈고요하게 흐르는 지혜〉

지혜는 머리가 아니라 고요하게 흐르는 마음에서 나옵니다. 마음이 엉켜 있고 복잡하면 지혜가 안 나옵니다. 좋은 마음, 좋은 관계, 좋은 소통 속에 고요하게 흘러야 올바른 지혜가 퐁퐁퐁 솟아 나옵니다. 지혜로운 사람의 가장 큰 특징은 남의 말을 경청하는 사람입니다. 311

♧ 꽃은 피어도 소리가 없고 새는 울어도 눈물이 없고.
♧ 사랑은 불타도 연기가 없더라---
♧ 장미가 좋아 꺾었더니 가시가 있고.
♧ 친구가 좋아 사귀었더니 이별이 있고.
♧ 세상이 좋아 태어났더니 죽음이 있더라---
♧ 오늘 하루라는 선물...
 감사한 마음으로 알차게 보내세요.
  좋은 글 중에서   311

바램

바램
나 언제인가 이세상 떠나고 나면
우리 자식들 기억에 어떤 모습의 어미로
기억 될까?
더도말고 덜도 말고 내가 살아온 모습
그대로 최선을 다 해서 열심히 살았던
어미로 기억 되었으면 좋겠다.
어려서는 착하다 이쁘다 소리가 좋아서
착할려고 애썼고
착하면 하늘에서 복을 주는 줄 알고 살았다.
나로 인해서 남에게 해가 되지 말자는 마음이었다.
내 남편 보통사람으로 최고로 인정 받는 사람으로
대접 받기를 바랬고 공을 들였던 나는 무엇인가?
어리석은 행위였나!
　　　정직한 친구 "펜 종이"에게

자책 하지 말자 후회 하지 말자
남편 병나기 전엔 나 많이 믿어 주었고 사랑해 주던
사람이었고
내게 너무 소중 했고 너무 좋아 했던 사람, 많이 아꼈던
사람, 병 난 뒤에도 힘 닿는데 까지 아끼고
수고 해 줬었지만 지금은 실망뿐 불쌍한 사람.

> **소중했던 미운사람**
> 미운 소리 많이 할때 밉고 귀찮은 사람.
> 미운 소리로 맥 빠지게 하는 사람.
> 그래도 불쌍해서 미워할수 없는 사람.
> 대화가 통하지 않는 사람.
> 보물 같은 5남매를
> 곁에 남겨준 사람 > 이러저래 아주 소중한 사람.
> 힘 닿는데 까지 견디어보자
> 초심을 잃지 말자!
> 2021. 12월 (펜 종이에게
> 잘 했으면 잘 한대로 못했으면 못한대로
> 10년이 가도 100년 후에도 거짓을 모르고
> 그대로 알려주는 정직한 내 친구는 펜과 종이

맏아들
추호도 의심 없이
최고의 아내,
최고의 어머니십니다.

맏며느리
친정엄마보다 어머니를 더 좋아했던 저는 어머니가 떠나신다면 얼마나 그리울까 생각만으로도 가슴이 멥니다.
어머님이 떠나신 후 어떤 모습으로 기억될까?
제게 어머니는 인간 존중, 무례를 모르시는 분, 어쩌면 유관순 열사와 같으신 분,

시대와 배경은 달라도 굳은 신념과 의지가 남다르신 분으로 기억될 겁니다.
 무한 사랑, 지혜로움, 유식함, 사려 깊음….
 세상의 어떤 형용사로도 어머니를 다 표현할 수는 없습니다. 저는 며느리지만 어머님의 자식으로 태어난 5남매가 늘 부러웠습니다. 형제간의 특별한 우애도 어머니 덕분이며, 그런 형제들과 함께하는 시간이 늘 즐겁습니다.
 오래 전 어머님과 KBS 아침마당에 출연했을 때 코미디언 엄용수가 어머님의 말씀을 듣고 하는 말이 "이렇게 멋지신 분의 며느리라 좋겠습니다. 최연하 여사님! 유엔 사무총장이 되셔야 할 분이 여기 나오셨네요." 하며 감탄했던 모습이 생생합니다.

둘째아들
 머리가 하얀 '안골 할머니'를 가끔 뵙곤 했다. '벽에 똥칠하는' 치매 시어머니를 모시고 사는 분으로 〈효부상〉도 많이 받으신 것으로 들었다. 안골 할머니는 목소리도 크고 웃음소리도 남자처럼 호탕한 분이었는데, 한번 말씀을 시작하시면 끝도 없이 이런저런 이야기를 재미있게 잘하셨다. 그중에서도 치매 시어머니와의 사이에 있었던 어렵고 고통스러웠던 일들을 정말 남의 일처럼 웃으면서 큰 목소리로 말씀하시곤 했는데, 그런 것이 안골 할머니가 길고 긴 병간호의 어려움을 이겨낼 수 있었던 삶의 지혜가 아니었을까 생각된다.
 우리 어머니는 목소리도 작고 호탕하게 웃지도 못하신다. 집안일을 남의 일처럼 띠벌릴 수 있는 분도 아니시니 어렵고 힘든 세월을 어떻게 이겨내셨을지 생각해 보게 된다.
 먼저 당당하고 위엄이 있었으며 언제나 결단력과 추진력으로 집안을 이끌어갔던 남편에 대한 좋은 추억이 있었을 것 같다. 다음으로는 기대에는 못 미치는 점도 있지만, 그런대로 잘 자란 자식들을 들 수 있을 것 같다.
 그러나 가장 중요한 것은 정직한 친구인 '펜과 종이'가 아니었을까? '펜과 종이'는 우리 어머니의 글 속에 여러 번 등장하는데, 이 글에서는 "십 년이 가도 백 년이 가도 거짓이 없이 정직하게 알려주는 내 친구"로 승화된다. 이 정직한 친구가 길고 긴 병시중의 어려움을 이겨낼 수 있었던 또 다른 삶의 지혜였던 것으로 생각된다.
 삶의 고난과 어려움에 견디다 못해 어떤 사람은 술을 마시고 어떤 사람은 마약을 하고 어떤 사람은 도박에 빠지고 어떤 사람은 극단적인 선택을 하기도 한다. 그러나 우리 어머니는 '펜과 종이'를 벗 삼아 그 누구도 견디기 힘든 어려움을 이겨내셨음은 물론 보는 사람이 감동할 수 있고 배울 수 있는 아름다운 글로 승화시키셨다. 그래서 우리 어머니는 누구보다도 지혜롭고 현명하고 훌륭한 분으로 자식들에게 기억될 것이다.

맏딸

'더도 말고 덜도 말고 있는 그대로', '잘했으면 잘한 대로 못했으면 못한 대로…. 그대로 알려주는 정직한 친구 펜과 종이'라는 글귀가 정직하게 다가온다. 기독교 신앙인인 나에게 성경 말씀에서 가장 강조하는 것으로 다가온 것은 하나님 앞에서 정직하게 사는 것이었다. 예수님이 말씀하시는 죄인은 창녀도 세리도 아니고 페르소나를 두껍게 쓴 바리새파 사람들이었다. 가식적인 사람들을 가장 비난하는 장면이 성경 곳곳에 있다. 그런데 막상 정직하게 사는 것에 초점을 맞추어보니 그게 쉬운 일이 아니었다. 나도 모르게 자꾸만 이해하는 척, 아는 척, 착한 척, ~~척을 하게 되는 것이다. 나는 정직하게 사는 것이 힘들고 때로는 불가능하다는 것을 안다. 하지만 그런 지향을 잡고 사는 것은 필요하다. 엄마는 그 지향을 잘 붙들고 사셨다. '정직한 친구 펜과 종이'라는 표현은 펜을 든 순간 정직하게 종이에 자신의 심정을 가감없이 토로하셨다는 것이니까…. 그리고 그것은 있는 그대로 자식들의 기억 속에 남겨지기를 소망하는 것으로 이어지고 있다. 엄마는 늘 정성을 다해서 주변을 돌보시고 보살피신 따뜻하고 밝은 이미지로 기억되어 있으며 엄마의 밝은 이미지는 나에게 힘이 된다.

맏사위

"어려서는 착하다 이쁘다 소리가 좋아서 착하면 하늘에서 복을 주는 줄 알고 살았다."

"나로 인해서 남에게 해가 되지 말자."

이런 삶의 지향으로 평생을 사신 분이고 장인어른을 모신 분이다. 삶이 어렵고 마음이 슬프고 애통할 때마다 이런 지향을 되새기신 것 같다. 어머님의 글에는 가장 가까이 지내신 장인어른에 관한 글이 많이 표현되지만, 어머님은 이웃들에게도 늘 이런 마음으로 정성껏 대하셨다. 주변에서 어머니의 존재와 관계 속에서 위로받는 자들이 많음을 본다. 월남서 시집온 이, 작은 교회의 목사님과 사모님, 동네에서 별로 인정받지 못했으나 마음 여리신 분들과 마음을 나누셨다. 누구에게도 적대하시거나 막 대하시는 것을 보지 못했다. 늘 정갈한 어머님의 텃밭같이 마음을 닦으신다.

구순이신 어머니는 지금도 대전 유성구의 노은동에서 동구 가오동까지 거의 매일 새벽마다 홀로 전철과 버스를 번갈아 타시며 많은 시간을 들여 사시던 곳을 다녀오신다. 가서 텃밭을 일구신다. 텃밭에는 내가 좋아하는 가죽나물, 딸기, 상추, 미나리, 앵두, 살구, 매화, 감자, 고구마, 호박, 순대 등 많은 작물을 애지중지하시면서 키우시는데 이들도 어느 사이 '정직한 펜과 종이'처럼 어머님의 친구가 되셔서 서로 위로를 주고받는 것 같다. 텃밭에 가시면, 노인정에서 오랜 이웃들을 만나 식사도 하시고 텃밭에서 일군 것을 나누기도 하신다. 이들도 오랜 벗들이다. 친구가 많은 어머님은 하늘의 복을 받으시는 것 같다.

작은딸
나는 어떤 사람으로 기억될까?
철부지 막내딸에서 한 남자의 아내로, 두 아들의 엄마로 수많은 시행착오와 연단을 거치면서 깎이고 녹이고 둥글어지며 이제 중년의 삶을 살고 있는 나는….
다행이다.
나이 들면서 엄마의 심성이 조금씩 녹아들고 있는 것 같다. 타인을 함부로 대하지 않는 사람, 존중과 배려를 아는 사람으로 기억되고 싶다.
고맙습니다. 엄마!
고령이심에도 심신이 온전하시고 여전히 품격 있어 주셔서….

작은사위
'펜과 종이'는 어머님의 진정한 친구다. 마음이 아려올 때, 하소연하고 풀 때, 의지할 곳 없이 허망할 때 펜과 종이는 언제나 어머님의 따뜻한 벗이었다. 당신의 마음을 스스로 종이 위에 펜으로 꾹꾹 눌러쓰며 위안을 삼았던 아픔의 시간들. 아름다운 흔적을 남기셨다.
착하게 살면 하늘에서 복이 떨어지리라 믿었던 시절, 그 시절이 평생이 되어 오늘에 이르니 자녀들이 복이 되어 잘살고 있다. 그 자녀 중 한 분이 집사람이니 장가 잘 가 어머님 복을 덤으로 받은 격이다.
아버님은 하늘에서 어머님의 글을 보고 계실 것이다. "내가 임자의 마음을 그렇게 아프게 했나. 허허." 하며 웃으시는 모습이 선하다. 그리고 일분일초도 쉬지 않고 응원하실 것이다. "당신 까딱 없다. 최고다. 최고여!" 긍정의 힘이 하늘에서 쏟아진다.

막내아들
조상을 잘 모시려는 옛사람들의 목적은 무엇이었을까?
내가 가진 능력과 노력에 보태어 조상의 힘을 얻어 잘 살아보려는 것이었을까?
조상의 공덕이 후대에 좋은 영향력을 미치는 게 사실일까?
그렇다면 나는 엄마가 쌓아오신 공덕으로 인해 가진 능력과 노력보다 훨씬 많은 것을 누리고 있는 게 확실하다.
아버지도 살아생전 항상 막내아들이 최고라며 응원하셨다.
나는 그 공덕으로 지금껏 잘 살고 있다. 감사합니다.

빌게이츠를 만나다

빌 게이츠가 말한 뜻깊은 명언
 태어나서 가난한건 당신의 잘못이 아니지만
  죽을때도 가난한건 당신의 잘못이다.
 화목하지 않은 가정에서 태어 난건 죄가 아니지만
  당신의 가정이 화목하지 않은건 당신의 잘못이다.
 실수는 누구나 한번쯤 아니 여러 번 수백 수천 번 할수있다.
  그러나 같은 실수를 반복하면 그건 못난 사람이다.
 인생은 등산과도 같다.
  정상에 올라서야만 산 아래 아름다운 풍경이 보이듯
 노력 없이는 정상에 이를 수 없다.
  때론 노력해도 안되는 게 있다지만 노력조차 안 해보고
 정상에 오를수 없다고 말하는 사람은 패인이다.
  가는 말을 곱게 했다고 오는 말도 곱기를 바라지 말라.
 다른 사람이 나를 이래 해주길 바라지도 말라
  항상 먼저 다가가고 먼저 배려하고 먼저 이해하라.
 주는 만큼 받아야 된다고 생각지 말라. 아낌없이 주는 나무가 되라.
  시작도 하기 전에 결과를 생각하지 말라.
 다른 사람이 어떻게 보는지 생각 말라
  다른 사람을 평가 하지도 말라.
 눈에는 눈 이에는 이 같을땐 갚고 받을땐 받아라.
  모든 걸 내가 아니면 할수 없다는 생각은 버려라.
 나 없인 못산다는 생각 또한 버려라 내가 사라져도 이 세상은
  잘- 돌아간다. 오늘도 빌 게이츠 명언을 다시 한번
 가슴에 새기며 멋진 하루되세요.

 ♥ 모든 것을 사랑으로 ♥

모든것은 사랑으로 대해 한다. 슬도 사랑을 하면 능률이
 오르고 꽃도 사랑으로 가꾸면 잘 자란다. 봉사도 사랑으로 하면
힘이 안 든다. 모든 것이 다 사랑인 것이다
 우리의 사는 날은 그리 길지만은 않다.

감사합니다 항상 옆에서 응원해주는 당신 덕분에 늘
힘이 납니다.

> 66페이지? 어머님의 여한가(餘恨歌)
>
> 41페이지? 주찬
> 46P 인생을 빛나게 하는 덕담의 기적 50가지
> 82 식초 1식 65초 (건강에 좋은 식초)
>
> 2004. 8. 14. 토요일 9면?
> 위 안에 있고 자연 항생제 있다
>   위 안에 위궤양과 위암 유발에 대항하는 자연
> 항생제가 있는것으로 밝혀졌다
>   미국 캘리포니아 번햄 연구소의 후쿠다 멘노루 박사
> 등은 과학전문지 〈사이언스〉에 발표한 연구보고서에서
> 위 벽 막세포가 분비하는 O-글리칸 글리코단백 잔이
> 위궤양과 위 암을 유발하는 헬리코박터 파일로리
> 박테리아에 대해 항생제 구실을 수행한다는 사실을
> 처음 밝혀 냈다.
>   밝혀냈다고 캐나다의 〈씨비씨 방송〉이 12일
> 보도 했다.

맏아들

도대체 우리 어머닌….
이 연세에 좋은 글귀에 관심을 갖는 어르신이 몇이나 될까.
늘 공부하고, 메모하고, 좋은 글귀에 힘을 얻으시고….
그들은 좋은 글을 썼지만, 어머니는 평생을 그렇게 실천하며 사셨지요.

둘째아들

"내 나이가 어때서 사랑하기 딱 좋은 나이인데" 어느 유행가에서는 이렇게 노래하고 있지만, 우리 어머니에게는 "공부하기 딱 좋은 나이", "호기심을 채우기 딱 좋은 나이"라고 해야 하겠다. '빌 게이츠의 명언'에서부터 '건강에 좋은 식초'를 지나 '위 속의 자연 항생제'가 나오더니 "모든 것을 사랑으로 하라"는 당부로 연결이 된다.

이렇게 왕성한 지적 호기심과 이를 채울 수 있는 우수한 학습 능력이 있으니 우리 어머니에게 "나이는 숫자일 뿐"이고 구순은 "공부하기 딱 좋은 나이"가 될 수밖에 없다.

맏딸

개인적으로 빌 게이츠를 좋아하지 않지만 엄마가 꼭꼭 눌러서 손글씨로 쓰신 뜨끔한 명언을 보니 다르게 다가온다. '어머니의 여한가'는 처음 듣는 것이라 인터넷에 찾아보니 가슴 절절한 우리 할머니, 어머니 세대의 삶을 노래한 것이었다. 시대가 좀 다르긴 해도 우리 엄마의 삶도 다르지 않다. 다음의 구절(어머니의 여한가 중 일부 발췌)은 우리 엄마의 노래와 염원으로 다가온다.

손톱 발톱 길 새 없이 자식들을 거둔 것이
허리 굽고 늙어지면 효도보려 한 거드냐?

속절없는 내 한 평생 영화 보려 한 거드냐?
꿈에라도 그런 것은 상상조차 아니했고

고목나무 껍질 같은 두손 모아 비는 것이
내 신세는 접어두고 자식 걱정 때문일세.
      (중략)
홍안이던 큰자식은 중늙은이 되어가고
까탈스런 울영감은 자식조차 꺼리는데

내가 먼저 죽고 나면 그 수발을 누가들꼬
제발 덕분 비는 것은 내가 오래 사는 거라,

맏사위
학습과 정신

우리는 배운다.
일상에서 경험으로 배우는 것이 대부분이다.
새로운 지식을 마주하면 배우시는
장모님 평생학습의 모범을 보이신다.

살아보니 지식은 변화하고 역전이 되기도 한다.
새로운 것을 밝은 눈으로 보시고

열린 귀로 들으시는 자세는 대학을 졸업하고
학문을 하는 우리 젊은 사람들이 배워야 할 것 같다.

자기 삶을 성찰할 때 내면의 이야기를
타인의 통찰을 통해 자신을 본다.
타인의 거울을 통해 본 자신의 삶은
우리의 삶을 이끄는 정신에 기초해 있다.

어머님의 정신은
맑아서 기운이 있다.
겸손해서 넓이가 있다.
사리 분별 분명해서
조리가 서 있다.

텃밭에서 일군, 돌봄에서 형성된
이 정신은 생명과 잘 어울리고
사람들과도 잘 어울린다.

작은딸
아무리 바쁘고 어렵고 고된 삶을 살아도 늘 자기 성찰과 메모와 배움을 놓지 않으신 엄마!
"항상 먼저 다가가고 먼저 배려하고 먼저 이해해라."
세계 많은 이들의 존경을 받았던 대기업가 빌게이츠의 명언을 이미 엄마는 평생에 걸쳐 실천하고 계시니 빌 게이츠가 절을 하고 가야 한다.
쉬운 일이 아니다. 말로는 가볍게 할 수 있지만 절대 실천하기는 쉽지 않다. 지금도 책을 가까이하시고, 나랏일을 걱정하시고, 성찰을 게을리하지 않으시는 엄마!
공연히 부산스러워 책도 많이 읽지 못 읽고 하 시절이 수상하여 외면하고 싶고 성찰보다 감정이 앞서는 내 모습이 부끄럽다.

작은사위
빌 게이츠, 사이언스, O-글리칸 글리코 단백질, 헬리코박터 파일로리 박테리아, 시비시 방송…. 요즘 젊은이들도 쉽게 말하기 어려운 용어다. 전문가나 사용할 법한 용어를 펜으로 꾹꾹 눌러 종이에 옮기며 무슨 생각을 하셨을까?

지적 욕구가 없이는 불가능한 일이다. 유레카! … 지적 희열은 행복의 가장 상위 개념이다. 어머님의 마음이 그러했으리라. 알고 모르고의 문제를 떠나 부딪치며 느끼는 행복이 어머님에게는 있었으리라.

티끌만한 지식을 자랑하며 이곳저곳 이름을 내미는 얄팍한 지식장사꾼들에게 경종을 울린다. 나 또한 반성한다. 얄팍한 지식도 없으며 과대 포장을 한 죄이다.

막내아들

엄마는 시대를 초월한 지식인이다. 엄마 나이 90인데, 빌 게이츠의 명언을 보고 깊이 성찰하시고, 남의 시집을 옮겨 적으신 건지 직접 시를 써내려가신 건지 모르겠으나 암튼 시를 쓰시고, CBC방송에 기사화된 헬리코박터 파이로리균에 대한 내용을 메모하시고,

포털사이트의 정치기사나 스포츠관련기사 정도만 간간이 읽는 나는, 정말 우리 엄마의 지적 호기심과 끊임없는 학구열이 믿기지 않는다. 누군가 말했듯이 엄마가 공부를 하셨으면 정말 대단한 업적을 이뤄내셨을 것 같다.

대한민국의 시대적 상황(남존여비 등 유교적 영향)으로 인해 위대한 석학과의 탄생을 이뤄내지 못한 게 정말 아쉽다. 그래도 엄마는 나에게 세상에서 가장 훌륭한 분이다.

憐憫 — 같은 처지에 있는 사람끼리 서로불쌍히
불쌍할면 근심할민   여겨 서로 도와줌을 말한다.
同病相憐、同類相求. 憐愍이라고도 씀.

瘟疫 — 腸티프스의 두 형태인
大頭瘟症과、大頭腸腫. 痘瘡 天然痘
등을 醫書는 瘟疫이라 일컸는데 痲
瘧자는 별병 痲자.

東醫寶鑑 本草
東醫寶鑑

區畫 — 경계를 나누어 정함.
지경구. 그을획 [劃] 갇흑다. 따로 갈나관.

劃 — 한줄로 죽긋다. 한결같아서 변함이
없음. 여러가지로 세분 하지 않음.

긍정의 힘

'18. 1. 31 새벽

내 인생에 있어서 흔적은

모두가 미완성이란 생각이 든다
미완성으로 끝내기 싫었었다.
아무리 생각해도 미완성이란 단어를 벗겨서 떼어 버릴수
없음을 깨달았다.
그래서 한가지만이라도 미완성에서 미자를 떼어버린
완성! 헌신적으로인 사랑으로 보살펴 드리라고
남편이 장애를 입게 되셨나보다 내 스스로 다짐 하고 위로를 했었나
아름다운 흔적을 남기자 서로 사랑하고 행복 했던 시절을
회상 하면서 나는 할수있어 다짐할때 행복 했었다.
남들은 못할지 몰라도 나는 할수 있다고 혹로 자신감에 찼다
남편께서 병난지 21년이 되니 힘이 부치고 자신감이 떨어진다.
정신적장애 건망증. 치매 의처증 너무 견디기 힘들다.
그래도 잘 견뎌 왔던것 같다 아무리 차분히 해명해도
이해를 못하고 뻔한 거짓말로 당신을 거짓말 장이로 만든다고
화를 내신다.
정신 신경과 약을 계속 진료 덕분인지 많이 안정 되었다 생각됨
육체적 활동이 둔화되고 힘이들어 마음에 혼란이온다.
1단계 1996년도 쓸어지셨을때 당연히 내가 할일.
2단계 정신장애 치매 관한 증세가 나왔을때도 당연 내가 해야 할일로 여김
3단계 의처증은 조용해진듯 싶으나 육신적인 활동 곤란하고 나약시 꿈이 말려들어
고민이다 그단계 증세가 좋아졌을때 젊으면서도 다짐 했던 헌신적 간호
를 해서 아름답게 흔적을 남기자 했는데 이마저도 어려울까
만 21년 4개월 26일째되는 2018. 1. 31 인 새벽이

맏아들
미완성이라니요.
어머니께서 지나온 흔적이 미완성이면, 그럼 완성이란 단어는 없어져야지요.
이제 고생은 그만하시고 편히 지내세요.

맏며느리
어머니의 글을 읽고 어느 유명한 작가의 에세이보다 감동이 더 하네요. 아마도 노벨문학상을 받을 것 같은 예감이 듭니다.

26년간의 긴 세월을 불편하신 몸과 치매까지 앓고 계신 아버님을 극진히 모시는 모습은 가히 초인에 가까웠습니다. 어머니는 어떻게 그런 힘이 나올 수 있는지 늘 의문이었는데, 바로 '긍정의 힘'이었다는 걸 이제야 알게 되었습니다.

늦게나마 어머니를 닮고자 노력하겠습니다.

둘째아들
'만 21년 4개월 26일째 되는 2018. 1. 31일 새벽에' 적으신 글이다. 이 글을 적으신 후에도 우리 아버지는 5년 8개월 25일을 더 사시다가 2022년 10월 25일 영면에 드셨다. 오랜 투병 생활이었지만 우리 어머니의 헌신적인 보살핌으로 마지막까지 인간의 존엄성을 잃지 않고 사시다 가셨다. 만 97년 8개월을 생존하셨으니 천수를 누리셨고, 뇌졸중으로 쓰러지신 후에도 26년이 넘는 긴 세월을 버티셨으니 정말 강인한 의지와 정신력이라 아니할 수 없다.

그러나 아버지가 그 오랜 세월을 버틸 수 있었던 이면에는 어머니의 정말로 정성을 다한 헌신적인 노력이 있었다는 것을 다시 한번 강조하고 싶다. 무척이나 건강하셨던 장인어른이 장모님 돌아가신 후 급격히 건강이 악화되어 결국 몇 년 후에 돌아가신 것을 보아도 알 수 있는 일이다. 아마도 어머니의 보살핌이 없었으면 우리 아버지도 그토록 오랜 기간을 버티지 못하고 일찍 돌아가셨으리라.

"헌신적인 사랑으로 보살피리라", "아름다운 흔적을 남기자", "나는 할 수 있다" 등등 수많은 다짐을 하셨지만 길고 긴 투병과 간병 생활은 아버지도 어머니도 지치게 했던 것 같다. 치매 증상이 있는 아버지로부터 '배신감'을 느낄 만큼 온갖 언어폭력에 시달린 어머니는 더욱더 견디기 힘들었을 것 같다. 그래서 당신의 인생은 '모두 미완성'이라고 푸념을 하시게 됐을 것이다. 하지만 바꾸어 생각해 보면 '미완성'이기에 '완성'을 향해 끊임없이 노력할 수 있는 동력을 얻을 수 있었던 것은 아닐까 싶다.

어머니, 마지막까지 아버지를 보살피는 힘들고 어려웠던 일은 이제 완성이 된 것 같아요. 앞으로는 어머니가 하고 싶었지만 못했던, 그래서 아직 미완성인 다른 일들에 도전하시기 바랍니다. 글도 쓰시고, 시도 적으시고, 가오동 밭도 돌보시고…. 미완성이었던 일들을 하나씩 완성으로 만들어 나가시는 우리 어머니의 앞날을 위해 "파이팅!!!"이라고 외치며 격려와 존경의 마음을 담아 봅니다.

맏딸

엄마가 너무도 힘든 상황에 너무 오랫동안 계셔서 자식으로서 이게 도리인가 싶어 때때로 마음이 불편하고 죄송하고 이래도 되나 싶어 갈등이 많았다. 그래서 엄마에게 아버지를 요양원에 모시자고, 그래도 된다고 엄마는 충분히 하실 만큼 했다고 틈틈이 말씀드렸다. 그럴 때마다 엄마는 여러 가지 핑계를 대셨다. 그리고는 하나도 안 힘들다고 자세를 다잡으셨다. 코로나 이후에는 코로나라도 끝나야 요양원 문제를 생각해보겠다고 코로나 핑계를 대셨다. 면회라도 되어서 날마다 찾아뵙기라도 해야 한다고….

근데 이 글을 읽어보니 엄마는 나름 원대한 계획이 있으셨던 거다. 한 번도 말씀하신 적은 없으셨으나 내심 아버지를 돌보는 일이 삶의 완성을 이루는 목표셨으니 양보할 수 없으셨던 거다. 한 사람을 지극히 사랑하는 일을 통해 미완성을 완성으로 이루겠다는 의지를 세우신 엄마를 나는 어설프게 설득했던 것이다. 그것도 내가 마음이 불편할 때마다 툭툭 내던지 듯이…. 그런 나는 엄마 없이는 한시도 불안하셨던 아버지가 생활 속에서 엄마를 깊이 이해하고 구체적으로 위할 줄 모르셨던 아버지를 닮은 게 분명하나.

아버지는 자식들에게 참 좋은 분이셨다. 늘 최고라고 격려하시고 늘 명랑하시고 자신의 신념이나 의지는 분명하셨지만 자식들에게 무엇이든 강요하시는 적이 없으셨다. 본인은 무교지만 교회를 다니는 나에게 종교는 자유니까 개인의 선택이라고 일절 간섭하지 않으셨다. 여자라고 차별하신 적도 없었다. 다만 딸은 제사에 참석시키지 않아 가부장적인 자신의 입장은 분명히 하셨다. 제사에 참여하기 싫었던 나는 편리하게 받아들였고 차별이라 느끼지도 않았다. 그렇지만 남편으로서는 좋은 남편이었다고 생각지 않았다. 엄마가 워낙 순종적이셨고 자상하지 않은 아버지는 아내를 위할 줄 모르는 것 같았다. 엄마는 아버지가 친할머니가 일찍 돌아가셔서 엄마의 사랑을 못 받아 어떻게 여자를 위해주는지를 모르신다고 이해하시듯 늘 말씀으로만 아내 덕에 산다고 하셨지 구체적인 행동으로 보여주신 것이 없다. 단지 점잖으셨고 편찮으신 뒤로는 잠시라도 밭에라도 다녀오신 엄마를 보면 늘 얼굴 가득 웃음으로 반기셨다. 한 번은 엄마가 입원하셔서 하루 떨어졌다 만나셨을 때 엄마를 얼마나 반기던지, 온몸으로 엄마를 반기는 환대의 모습 때문에 같이 있던 우리도 다 웃음 지을 수밖에 없었다. 엄마는 치매와 망상으로 힘든 아버지에게 구원이셨다. 엄마가 원하시던 대로 끝내 지극한 정성으로 삶의 완성을 이루신 거다. 나는 무엇에서 삶의 완성을 추구할 것인가? 엄마처럼 구체적인 사랑 실천의 삶의 목표가 있는가? 돌아보게 된다.

맏사위
모심의 완성

평범한 속세의 가사에서
신성한 삶의 의미를 읽는다.

지쳐서 몸이 다 깨어지더라도
새벽에 깨어 자신을 넘는
삶의 경건함을 묵상한다.

모든 것이, 사랑과 관계도
즐거움과 고통 회피의 수단이
되어버린 세상의 흐름에 묵묵히
맞서 싸워 존재의 의미를
진정으로 완성하신다.

장모님 얼굴이 익어가는
여름날의 복숭아 고운 빛깔이고
가을날 햇살 받은 붉은 사과 색깔이다.
늙으면 추하다는 말이 궁색하게
그 얼굴이 참 고우시다.

눈빛은 맑아 물소리를 내는 듯하고
복잡한 세상을 단순하게 읽으신다.

밤에 어둠이 있어 별이 빛나듯
밤이 물러가고 새벽이 깨어나듯
햇살이 어둠을 소리 없이 물리치듯

이슬이 푸른 잎새에 방울처럼
맺혀 아침 기운에 빛나듯
그의 삶은 참신한 기운을 준다.

작은딸
스스로의 인생을 미완성이라 생각하면서 몸이 부서져라 최선을 다하면서 어느새 90 인생을 살고 계시는 엄마!

시아버지 병간호로 10여 년 간 몸이 부서져라 정성을 들이셨고 남편 병간호 수발로 25년여 몸이 부서져라 정성을 들이셨다. 올해는 두고 온 텃밭 작물에 정성을 들이시느라 노은동(현 거주지)에서 전철을 타고 판암역(종점)에서 내려 때론 걸어서 때론 버스로 가오동(옛 터전의 텃밭 장소)에 매일 가신다.

올여름 폭염과 장마가 거세다. 엄마 연세 90이시다. 염려가 이만저만이 아닌데 엄마는 신념처럼 움직이신다. 아직도 본인 삶은 미완성이신가 보다. 편안한 삶에서 의미를 찾기가 힘드신가 보다.

어떻게 하면 엄마의 남은 삶을 안전하고 편안하게 해드릴 수 있을까 고민이 깊다.

작은사위
인생은 미완성 쓰다가 마는 편지 그래도 우리는 곱게 써가야 해
인생은 미완성 그리다 마는 그림 그래도 우리는 아름답게 그려야 해
인생은 미완성 새기다 마는 조각 그래도 우리는 곱게 새겨야 해

노래 가사가 너무 아름답다. 미완성이라도 포기하지 않고 우리는 계속해야 한다. 언제까지? 그것은 아무도 모른다. 미완성이기에 희망이 있고 내일이 기다려지는 것이 아닐까!

어머님이 목표하는 완성은 무엇인가. 남편에 대한 헌신적 돌봄에서 완성을 보고 싶다니 눈물겹도록 처절하다. 얼마나 힘들면 마음을 무장시키는 주술을 거는 것일까. '나는 할 수 있어, 완전한 돌봄을 할 수 있어!' 긍정의 힘을 키워가는 어머님의 절절함이 묻어난다. 긴 병간호에 효자 없다 했던가. 효자는 없을망정 효처는 있다는 것을 어머님은 보이셨다.

작물은 주인 발걸음 소리를 듣고 자란다고 한다. 어머님은 아시는 것이다. 가오동 작물들이 무엇을 원하는지. 몸이 힘들고 발걸음이 무거워도 한 번이라도 더 찾아가려는 어머님의 마음. 가오동의 작물들은 주인 잘 만나 호강한다.

"어머님! 이젠 아버님이 미완성의 '미' 자를 떼어내 주셨어요. 좀 쉬셔도 됩니다."

막내아들

화려한 수식어도 없고 맞춤법도 간간이 틀린 투박한 글이지만, 그 어떠한 작가의 유려한 글이 이처럼 처절한 사투와 고뇌가 절절히 느껴지게 할 수 있을까?

내가 엄마의 자식이기에, 고생하시던 삶의 일부를 목도했기에 그렇게 보이는 것일까?

그 와중에도 아름답던 순간을 기억하고 삶의 완성을 위해 그리고 자식들을 위해 쉼없이, 멈춤이 없는 엄마의 놀라운 정신력은 그 누구도 범접할 수 없는 숭고한 영역인 것 같다.

이미 90이 되신 초로한 엄마의 모습에 좀 편히 쉬시면 좋겠다는 생각을 자주 하지만, 인생의 완성을 위해 끊임없이 정진하시는 엄마를 위해 항상 응원해 드리고 더 이상 걱정을 끼쳐드리지 않는 것이 최선의 '孝'인 것 같다.

엄마, 가오동 다니시는 것도 텃밭 가꾸시는 것도, 그 무엇이던 온전한 엄마의 삶을 완성하실 때까지 건강하고 행복하시길 바랍니다.

내 친구 붓들이

'17. 12

남존여비 사상이 강하던 어른들의 모습을 보고 자란 탓일까?
어려서도 아버지 어머니 같이 큰소리 내고 싸우시는 것을 한번도
본적이 없다. 그렇다고 누가 봐도 참 다정하다고 느낄만큼
정다워 보이지도 않았던것 같다.
그래도 아버지 세수 수건 진지그릇 함부로 다루는것 못봤고
주무시는 머리 맡으로 지나가지도 못했고, 세수대야 안에
발도 못 담구게 저절로 교육이 되었던 것은 무뚝뚝 한
어머니의 쉰 교육이었다 싶다.
헌옷 한가지라도 함부로 던져두는것을 못봤다.
어릴때는 붓들네 하고 나 딱하 셋이서 항상 붙어 살았다.
그때 아버지 엄마는 싸울때 엄마의 목소리가 더 크게
들일때면 붓둘이 아버지는 없는 살림이지만 막대기
부어 마당에 다 둥그라지면 우리 어머이는 쯧쯧 혀를
차시며 하시는 말씀 아이고 여자의 목소리가 담을 넘으면
쓰냐, 망칙해라 여자가 참아야지 하셨다.
요지음 지나간 일들이 새록새록 생각이 난다
너무 가난 해서 보리밥도 마음놓고 못먹고 살았던 기억도
나지만 그래도 그때 그 순박했던 사람들이 그립다.
17. 12월 한해가 또 허무하게 저물어가는 요지음,
붓들이 --- 유일한 내붓은 소꿉친구 분명(이재옥) 그어머니가 아기를 많이 낳아도
죽고 조산하고 손이 귀해 붓들이 이름덕인지 그 오빠하고
남매 뿐이었다.
   2017. 12월 아득한 옛일이 자주 생각난다.

맏아들
어려서부터 어머니께서 하시는 옛이야기를 듣곤 했는데, 그때마다 늘 행복한 표정이셨다. 아주 가끔 붓들이란 이름을 꺼내시는 걸 듣고 "이름이 왜 저래?" 웃었던 기억이 난다. 아마도 자식이 귀하니 붙들어 둔다는 의미였을 게다. 모두가 너무 어려웠던 시절이었지만 행복했던 그 옛날 연산에서의 어린 시절을 회상하곤 하신다.
아버지, 어머니, 형제들, 가장 친했던 붓들이….
사시던 연산역 주변은 어찌 변했을까?
모시고 가본다면서도 차일피일 미뤘는데, 올 가을엔 꼭 한 번 가보자

둘째아들
외할머니는 참 부지런한 분이셨다. 아침 일찍 일어나 하얗게 센 머리를 참빗으로 정갈하게 빗어 비녀를 꽂는 것으로 마무리하시던 모습이 지금도 눈에 선하다. "여자의 목소리가 담을 넘으면 쓰나"라고 말씀하신 그대로 한 번도 큰소리를 내시는 것을 들은 적이 없다. 그런 외할머니의 모습을 보고 자란 우리 어머니이기에 몸에 밴 듯 자연스럽게 시아버지와 남편을 섬기면서 평생을 살아오시지 않았을까 싶다.
"2017년 12월 한해가 또 허무하게 저물어가는 요즈음…. 아득한 옛일이 자꾸 생각난다"로 마무리되는 마지막 문장이 마음속에 사무친다.

맏딸
90이 되신 엄마는 퇴직한 후에 친구 집에 놀러가 자고 오기도 하는 나를 보고 부럽다 하시며 그렇게 함께 놀 수 있는 친구가 참 소중하다 하신다. 친구들과 여행을 간다고 하면 힘이 있을 때 마음껏 놀러 다니라고 격려하시고 응원해 주셔서 엄마에게 미안한 마음을 덜어주신다. 그러면서도 사위에게는 나 몰래 전화하셔서 '장서방이 이해 못할 사람은 아니지만 고맙네, 미안하네' 하신다. 딸을 응원하시지만 사위에게는 미안하신 게다. '나는 그렇게 살아보지 못했는데'가 아니라 '나는 그렇게 살아보지 못했으니 너희는 다르게 살아라'고 하시는 엄마의 삶의 태도가 나한테는 남다르게 다가온다. 가부장적인 시대에 가부장적인 가치관이 철저한 외할머니 아래에서 엄마도 그렇게 교육받고 사셔서 그대로 실천하셨으나 우리에게는 강요하지 않으신다. 어릴 적 외할머니에게는 "시집가서도 그래라"며 잔소리를 많이 들었지만 엄마에게 그런 잔소리를 들어본 일이 없다. 나는 이렇게 살아왔지만 너희들은 다르게 살라고 하신다. 자식들에게 자신의 신념이나 가치관을 강요하지 않으시는 태도는 나도 꼭 본받고 싶다.
이 글을 통해 엄마의 소꿉친구 붓들이의 본명을 처음 알았다. 엄마를 통해 들은 소

꼽친구 이야기는 친근하지만 간간이 서로 소식만 전할 뿐 마음놓고 그리운 친구 한 번 만날 새 없이 살아오신 엄마의 바빴던 일상이 애처롭다. 지금은 시간이 있지만 서로 찾아보기에는 살고 있는 거리에 비해 기력이 달리시니 쉽지 않은 일이다. 마음이 짠하다.

작은딸

외할머니 생각이 난다. 깔끔하고 야무지고 빈틈이 없으셨던, 그래서 좀 차갑게 느껴지던 외할머니.

엄마가 어릴 때 사고로 외할아버지가 돌아가시고 4남 3녀인 자녀들을 홀로 악착같이 키워내신 끝에 아들들을 그 옛날에 최고의 명문학교를 보내시고 딸들은 엄격한 산 교육으로 현모양처를 길러내셨다. 우리들도 자라나면서 부모님 다투시는 모습을 본 적이 없다. 엄마는 대청마루 앞에 아버지 발 씻을 물을 대령하시고 허름하거나 구겨진 옷을 단 한번도 아버지에게 허락지 않으시며 섬김을 다하셨다. 지금은 남녀평등의 시대라 상상할 수 없는 일이지만.

엄마 친구 붓들이! 자녀가 너무 적어 붙들려고 지은 간절한 이름이다. 엄마와 친구 붓들이 아줌마와 이모(필하)는 어린 시절을 공유한 추억이 가득한 친구이시니 아무리 세월이 흘러도 어찌 그립지 아니할까?

그 시절의 천진난만한 엄마를 엄마의 생생한 증언을 통해 만났다.

전주 식행을 하며 엄마의 이야기보따리는 끝이 없었다. 장난꾸러기 호기심 본능이 있던 울엄마. 붓들이네 엄마는 늘 머릿기름을 반지르르 바르고 계셨는데 외할머니는 그럴 여력이 없으셨기에 늘 부러웠단다. 하루는 호기심이 발동한 엄마가 천장에 노끈 달린 바구니에 보관하는 참기름이 궁금해서 말(곡식 무게 재는 원통형 도구)을 엎어 놓고 올라가서 기름을 조금 따르려다 푹 쏟아서 그걸 머리에 온통 마르고 번들거리니까 논두렁을 펄떡거리고 뛰어다니기를 반복했더니 나중에는 머리에 먼지가 뽀얗게 앉아있더란다.

하루는 방 천장 서까래에 못 박아서 걸어둔 달걀 바구니에 달걀 숫자가 궁금해서 가마니 짜는 대(막대 형태)를 가져다가 바구니를 빙빙 돌려 숫자를 세다가 떨어뜨려 달걀이 다 깨졌다고 한다. 외할머니가 모두 쓸어 담아 쪄서 달걀을 실컷 먹었다고 한다.

이렇게 호기심이 많고 자유분방했던 엄마가 최고의 현모양처로 가족 모두에게 섬김을 다하셨다.

작은사위

추억은 아름답다. 지난 이야기이기에 부담이 적어 그러할 것이다. 아무리 힘든 일이라도 시간이 지나면 '이 또한 지나가리라'의 법칙이다. 그렇게 보면 시간이 흐른다는 것이 얼마나 다행인가. 나이 먹어 좋아할 사람 없다. 그래도 시간은 흘러야 하는 이유이다.

하루게 다르게 변하는 현대 사회에서 '나 때는' 버전은 꼰대의 상징이다. 그래도 '나 때는'은 영원히 살아남을 것이다. 흐르는 시간은 누구에게나 공평하게 적용되기 때문이다. 어제에서 내일의 길을 본다. '그 때는'이 인생 길라잡이이다.

'콩 심은 데 콩 나고 팥 심은 데 팥 난다' 교육의 중요성을 강조한 조상들의 말씀이다. 보고 듣고 함께 살며 배운 습관은 평생을 간다. 자녀는 부모의 거울이란다. 결혼 상대를 정할 때 당사자도 중요하지만 더 중요한 것은 부모를 봐야 한다는 말이 맞다.

어머님의 삶에서 보이는 향은 부모님 것 반에 어머님 것 반인가 보다. 붓들이 친구를 회상하는 그림이 아름답다. 배경 음악으로 '향수'가 어울릴 듯….

막내아들

숨가쁘게 살아오신 치열한 삶속에서 느닷없이 어릴 적 회상에 잠기는 엄마!
'가난하지만 순박했던 사람들' 이 문구에 엄마의 어린 시절이 다 담겨있는 것 같다.
그냥 안타깝고 속상해서 눈물이 난다.

엄마의 친구분도 살아계실까? 그냥 이렇게 기억으로 간직하고 사시는 게 나을지 한번 만나게 해드리는 게 나을지, 무엇이 엄마를 위하는 것인지….

그땐 그랬지

2017. 12. 12 새벽

새벽 4시 반경 소변 받아 내기 위해 잠이 깨었다.
최고 추운날 이라는 방송은 들었지만 과연 춥다.
이불속에 들었지만 잠은 실컷 잤기 때문에 들지않는다.
갑자기 돌아가신 친정어머니 께서 좋아서 둘째딸인 나 한테
달려 오시면서 야 셋째 오래비가 첫월급을 6천원이나 받아왔다
시며 의하여 좋아 하시며 내근무처 병원으로 달려 오시든 모습이
뚜렷하게 생각난다. 너무도 좋아하시든 40여년전 기억이다.
내 첫 월급 2천원씩 3개월 받다가 매월 300원 오르는 이때는 2500정도 받을때니
6천원은 큰돈이였다 고생한 보람이라고 너무 좋아 하였다.
76년전 과수원 언니가 내일 시집 간다고 음식 준비가 한창이던 날.
철했던 나는 딸하란 데리고 놀려 진심부름 안 하고 사람들이
많이 모며 신바람이 났는데 광문안에서서 한없이 소리없이
눈물을 흘리시던 엄마 모습이 생각나고 아버지 모습도 안보이고
당곡 할머니께서 당황 하시던 생각이 난다.
나중에 원인을 알았다 실겅 위에서 부거운 음식 물건을
어머니 께서 꽃배려서 아버지께서 도와 주시는 것을 큰 큰어머니
께서 보시더니 여편네 별도 딱더 주라고 사람 많은데서
소리를 지르셨단다. 너무도 부끄럽고
아버지의 입장이 당진 때문에 챙피 하게되었다고 자책 하신다
다 지나간 일들이 이새벽 두렷이 기억이 나는것 신기하다.
큰어머니는 23 꽃다운 나이에 딸 1명 낳고 큰아버지 께서 별세 하시었고
그딸마저 세상을 떴고 홀로 청상 과부로 수절을 하신분이시다

맏아들
어머니의 어린 시절은 일제강점기였다. 배당된 세금을 내지 않았다고 외할아버지는 주리를 트는 고문을 받으셨던 말도 안 되는 시절이다. 어머니 호적 나이가 늦게 된 것도 세금을 안 낸 이유로 출생처리를 3년 동안이나 해주지 않아서였다고 한다.

그런 시절에도 우리의 고리타분한 남존여비 사상은 여전했나 보다. 그 시절에 외할머니를 도와주시고 누나한테 악담을 바가지로 들으셨던 코미디 같은 이야기…. 그렇게 가족에 다정다감했던 외할아버지는 연산역 철로에서 지게차에 치여 세상을 등지셨다. 귀여움 받고 자라던 어린 딸에겐 얼마나 충격적인 사건이었을까?

잠 못 이루시던 추운 겨울 어머니께서 새록새록 기억하신 어린 시절 힘들고 마음 아픈 일들조차도 아름다운 추억으로 남았다.

맏딸
외할머니는 나에게 애증의 대상이었다. 성인이 되어 생각해보니 고생하는 딸이 안타까워 엄마 위할 줄 모르는 손주들에게 잔소리를 하셨던 게다. 이해도 되지만 잔소리가 심하셨다. 특히 '엄마 볶아 먹을 년'이라는 소리는 안 하셨어야 했다. 서울 생활을 실패로 끝내고 혼자 사시는 외할머니댁으로 이사온 날, 8살 난 나는 뜨락을 올라오다 대들보에 코를 박아 코피를 왕창 흘렸다. 그 일이 불길한 나의 앞날을 예고하듯 외할머니의 끝없는 잔소리는 시작되었다. 이래도 혼나고 저래도 혼나고, 내가 보기에는 오빠들은 아들들이라 그래도 잔소리를 삼키셨고 현선이는 성격이 팩하니 조심하셨고 할머니의 손에서 자란 병용이는 물고 빨고 그저 이뻐셨는데 야단을 쳐도 바보처럼 웃는 나는 할머니의 밥이었다. 생각만 해도 싫다. 그러나 할머니는 삶의 모범이셨다. 일찍 일어나 깨끗하고 정갈하게 몸매무시를 단장하고 쓸고 닦고 꿰매고 다듬고 쉬는 법이 없으셨다. 숨이 차 몰아쉬시면서도 늘 일거리를 찾아 하셨다. 지나가는 행상들이 들르면 그냥 보내는 법이 없었다. 정갈한 음식을 준비해 대접하셨다. 물론 상차리는 심부름은 엄마나 내가 했지만…. 그게 남다른 외할머니의 품격으로 남아있다. 내가 어른이 되어 당진 시골에 살 때 비닐봉지를 모아 길에서 장사하는 분들에게 갖다드리며 할머니한테 알게 모르게 배웠다는 생각이 들었다. 가끔 꿈에서 뵈도 늘 정갈하게 앉아 일만 하시는 외할머니, 용돈 한번 챙겨드리지 못하고 가신 것이 안타깝다.

작은딸
지금 우리는 상상할 수도 없는 70~90여 년 전 이야기이다. 유교 사상의 정서가 뿌리 깊게 자리 잡았던 그 시절, 우리네 어머니, 할머니들의 육체적, 정신적 고단함이 느껴진다.

빈곤의 개념이 지금과는 비교할 수 없었던 그 시설을 떠올리며 엄마는 우려와 그리움이 교차하시는 듯하다.

작은사위

추억은 아름답지만 마음이 아린 것이 일반적이다. 좋은 추억만 있으면 좋으련만 좋은 추억은 쉽게 잊혀진다. 마음에 상처를 남긴 추억만 평생을 동행하니 야속하다.

가난의 추억은 우리나라 50대 이상의 공통점인가 보다. 먹고 사는 문제는 과거나 지금이나 가장 중요한 문제이니 말이다. 늘어나는 식구에 쌓여가는 걱정은 비극이다. 탄생이 축복이 아니라 저주가 되는 시절이었으니 추억은 아린 것이다.

70~90여 년 전의 일을 세밀하게 글로 옮기신 어머님의 기억력이 대단하시다. 그리고 깊게 공감하며 동병상련의 심상이 형성됨은 무엇일까? 어머님의 생과 비교하는 것이 겸연쩍지만 '그땐 그랬어'로 함께 나눌 수 있는 추억이라 감사하다.

막내아들

내가 어릴 적엔 외할머니께서 나를 애지중지 키워주셨다. 다락에 사탕을 몰래 넣어두셨다가 나에게만 주셨고 맛있게 먹으며 다음에 또 달라고 애교 떠는 모습을 한없이 이뻐하셨다. 외할머니는 나를 제외한 형, 누나들에게는 엄격하셨던 것으로 어렴풋이 기억난다. 하시만, 나에겐 항상 편이 되어 주시고 사랑과 정성을 쏟아주신 외할머니셨다.

내가 아주 어린 시절, 아마도 초등학교 1학년 즈음으로 기억하는데 외할머니가 한동안 집을 떠나 계시다 돌아오신 날(아마도 외삼촌댁에 머무셨던 것 같다), 학교 다녀와서 집 마당에서 외할머니를 마주했으나, 왠지 먼저 다가가지 못하고 머뭇거리다 '병용아'라고 부르시는 외할머니의 목소리에 달려가 안기며 엉엉 울었던 기억이 생생하다.

쓰레기 단상

쓰레기
아무에게도 피료하지 않은 물건 쓰레기
뒷 골목 일 수록 많이 보이는 쓰래기
누구에게서나 나올수 있는 쓰래기
쓰래기로 인해 공기오염 자연환경 파괴된다
걱정이 태산 말로만 걱정 태산
물자가 너무 흔해서 큰병
옛날에는 물자가 귀해서 실한법. 헌겁 한조각.
물 한빠도 귀하고 성냥 한깨비도 아끼고 곡식 한톨도
아끼며 시절을 보고 견디며 살어왔던 우리쇄대
노인들의 눈에는 지금이 너무 걱정 스럽다.
불면한것보다 편한 생활을 싫어 할 사람 누가 있겠나?
보리고개 라는 시기를 겪으며 살어온 우리도 어렵던 시절
을 잊을때가 있는데 어려운 시절을 겪지못한 젊은
사람들 쓰래기에 대한 걱정 덜 하는것 당면하다
아무것도 모르는 노파이지만 옛날부터 쓰래기 걱정을
많이 하게 되었다. 우리가 내는 세금으로 처리 하겠지
물론 맞는 말이다. 그렇치만 정부나 어느단체만이 해결
할것이지만 개개인 모두 정신차려야 한다고 생각된다
양을 줄이는 방법 노력! 내집에서 나오는 내집 쓰래기도

나는 싫다고 남의 집앞에 아무때나 갖다 놓는
행위 삼가해야 할 일 아닐까요
쓰래기 놓는 정해진 자리가 있으면 좋겠고
변두리나 외각지대서는 나무를 태울수 있으면
그냥 태우는것말고 제대로 아궁이 만들어서 때면
쓰래기 많이 줄이고 비싼 기름값 절약 될것인데
물론 태워서 안될 ~~물건~~ 해로운 물건은 태울 비양심
도 있겠지만 그것은 불법으로 정하고
늦었지만 지금부터라도 내집 쓰래기 줄이기를 생각
하고 연구 해 보면 좋겠어요

<u>우물 안 개구리</u>

우물안 개구리 처럼 좁은 범위내서 크고
실고 늙어버린 노파이지만 쓰래기에 대한
불만이 항상 있으면서 다 늙은 지금까지
도 불만이다 묘안도 없으면서 ~~
나무만 땔수 있는 사람 때게 허용해
주어도 많이 쓰래기 줄을것인데요.
22. 4월 쓰래기 떠미를 보고   최노파

맏아들
집안 담벼락 한 귀퉁이에 자그맣게 불을 땔 수 있는 아궁이를 만들어 놓으셨다. 보면 볼수록 구순 할머니의 솜씨라고 보기엔 너무 훌륭하다. 얼마 전까지만 하더라도 밭에 있는 아궁이에 쓰레기를 태우곤 하셨는데, 근처에 아파트 단지가 들어서다 보니 연기 때문에 민원이 들어간다고 한다. 궁여지책으로 집안에 작은 아궁이를 만드셨지만 연기가 날 때마다 신경이 쓰이시는 모양이다. 가끔 집에 갈 때면 내가 나서 보란 듯이 왕창 태워버린다.

쓰레기 문제, 지구 전체의 큰 문제지만 아흔 할머니의 고민거린 아닌 것 같다.

노인네 별걸 다 고민하셨네.

맏딸
엄마는 일상 생활에서 모든 것을 아끼신다. 음식물을 함부로 버리지 않고 끝까지 드시고 옷도 잘 사지 않으시고 물도 무척 아껴쓰신다. 세탁기에서 나온 물을 받아 걸레를 빠시고 베란다 청소를 하고 화단에 물을 주신다. 그러다 보니 깔끔하고 세련된 외형을 갖추기 힘들어 스스로 궁상맞다고 말씀하기도 하시고 자식 입장에서는 혹여 상한 음식 드실까 걱정도 되고 벌레가 꼬일까 신경쓰일 때도 있다. 하지만 엄마가 이렇게 자원을 아끼려고 노력하시는 것이 단지 돈을 아끼려는 것이 아니라 지구 환경을 생각해서임을 안다. 쓸모있는 물건들이 함부로 버려지는 것을 안타까워하신다. 나도 2019년에 제로웨이스트를 실천해보려고 시도해보았지만 실패하는 일이 너무 많아 스트레스가 쌓여 포기했다. 용기를 들고 시장에 가는 것도 몇 번 하다가 그만두었다. 그러나 엄마의 일상은 비닐봉지 하나도 1회용이 없다. 쓸모를 다할 때까지 사용하신다. 엄마가 글을 쓰신 이 종이들도 대개는 다 쓴 달력 뒷장이나 폐지들이다. 얼마 전에는 닭을 찌고 나온 물을 페트병에 담아 배낭에 넣어 지하철, 버스를 타고 가오동 밭에 거름으로 쓴다고 나르셨다. 버리면 쓰레기지만 사용하면 유용한 거름이 된다고 하시며, 또 엄마가 늘 하시는 "매듭은 끊지 말고 풀어라" 말씀도 가위로 싹뚝하면 쓸모를 잃을 끈이나 봉지 등을 염두에 하신 거지만 사람 관계에서도 적용이 된다. 지혜로우시다.

맏사위
물자가 흔해서 큰 병,

우리 위 세대들의 생활 방식은 말할 것도 없이 지구를 사랑한다.

장모님은 작은 쓰레기 하나 버리시는 일이 없다. 자기 어머니를 닮아서인지 현주도 버릴 줄을 모른다. 음식물 쓰레기도 밭에 거름으로 버린다.

우리가 지구를 이렇게 마구 대해도 되는가 싶을 때가 많다. 자신과 가족을 넘어 인류로서 살 수 있는 것은 지구를 사랑할 때일 것이다. 우리는 다른 방식이지만, 위 세대의 지혜를 본받아야 할 것이다.

작은딸

나이가 들어가면서 보통은 생각의 틀이 작아져서 자기중심적인 면이 늘어가고 시야가 좁아져서 소통이 다소 힘들어지는 현상은 누구에게나 피할 수 없는 순리일 것이다. 쓰레기 걱정을 하는 이 글이 쓰인 날짜를 보니 2022년 4월이다. 엄마 나이 89세! 세상을 민감하게 바라보고 사람을 깊이 배려하는 엄마가 놀랍다.

시골에 살다 보니 저녁마다 산책 겸 쓰레기를 들고 나가는 나의 일상에서 빈손인 적은 드물다. 작은 스티로폼이라도, 플라스틱 몇 개라도, 하다못해 음식물 쓰레기 한 줌이라도 꼭 들고 간다. 배달 음식 없이 일회용품이나 인스턴트 식품도 다루지 않는 삶의 일상에서도 쓰레기는 매일 나온다. 양의 차이가 있을 뿐.

조금만 깊이 생각해도 두렵다. 정말 개인적인 각성이 절실하다. 엄마 글을 읽으며 두려움 때문에 민감함을 버리고자 외면했던 나를 반성한다.

작은사위

인간은 언제까지 소비를 통한 성장을 추구할 것인가? 지속적인 성장의 내면에는 꾸준한 소비의 증가가 있어야 한다. 얼마나 더 소비하고 성장해야 인간은 만족할까?

끝없는 인간 욕망의 뒤안길에는 쌓여가는 쓰레기와 문드러지는 자연의 상처가 선명하다. 알면서도 성장의 최면에서 깨어나지 못하고 있다. 나 또한 그러하다.

어머님의 일상생활에서 쓰레기가 나오면 얼마나 나올까. 그 작은 쓰레기에도 환경을 걱정하시는 어머님의 사고에 깊은 존경을 보낸다. 그리고 반성한다.

때에 맞는 말은 금보다 더 귀합니다.

사람의 말이란 참으로 강한 힘을 가지고 있음을 알 수 있으며
  때로는 좋은 말 한마디가 사람의 생명을
살리기도 하는 놀라운 능력을 나타내기도 합니다.
  말의 중요성을 굳이 강조하지 않아도 얼마나 소중한가는
수많은 격언과 고사성어 에서 찾아 볼 수 있을 것입니다.
  "웅변은 은이고 침묵은 금이다"
  말의 실수는 당시 상황을 모르고 할 때 일어나는 것입니다.
아무리 좋은 말이라도 그 사람이 처한 입장과 상황을 모르고 한다면
오히려 그 말로 인하여 후회할 수있는일이 생기기도 합니다.
꼭 해야 할 말인데도 내가 잠잠함으로서 그가 듣지 못 한다면
오히려 그에게 해를 끼치는 일을 하는 것과 같은 것입니다.
때에 맞는 말!
  사랑을 세우기도 하며 용기를 주기도 하며 사람을 살리기도
   하는 것입니다.
지혜로운 사람은 때에 맞는 좋은 말을 하는 사람입니다.
  좋은 글 중에서

겸손은 사랑을 머물게 하고
칭찬은 사랑을 가깝게 하고
넓음은 사랑을 따르게 하고
깊음은 사랑을 감동케 하나
마음이 아름다운 자여!!
  그대 그 향기에 세상이 아름다워라~♡

  오늘도 좋은 하루 되세요. 28!

조각보 전시

헝겊 쪼가리

음력
2013. 12. 23
8순잔치
조각보 전시

버려두면 하찮은 쓰레기

한쪽 한쪽 정성으로 모아 붙여 놓으면

어여쁜 보자기

누구에게나 필요하고 환영받는 쪽보가 된다

이런 마음으로 쪽보를 만들다 보니

누구에게나 가져보기를 바라는 마음으로

틈틈이 만들어 보았다

맏아들
어머니께서 만드신 조각보는 명품이다.
　우리 집에 있는 맏며느리가 챙겨온 엄마표 조각보 담요는 세월이 흐를수록 언제 봐도 질리지 않고 소중하다.

둘째아들

서울에서 대전으로 이사 온 것은 내가 국민학교 4학년 1학기에 다니고 있을 때였다. 서울에서 제일 유명하다는 덕수국민학교를 다니고 있었고 4학년 1학기 3월과 4월 말 시험에서 1등을 해서 주변을 깜짝 놀라게 했던 즈음이었으니 1970년 5월쯤이었던 것 같다.

대전으로의 이사 문제로 아버지와 어머니 사이에 의견충돌이 있었던 것을 어렴풋이 기억하고 있다. 군을 제대하신 후 투철한 정의감으로 세상과 싸우다 보니 많은 직업을 전전할 수밖에 없었던 아버지에게 대전의 처가는 일종의 피난처가 아니었을까 생각된다. 어머니는 "말은 제주로 사람은 서울로"라고 하는데 아이들 교육을 위해서라도 서울에 남아야 한다고 하셨던 것 같다. 이 의견충돌의 결말은 明若觀火, 우리 어머니가 아버지를 이기는 법은 없는지라 결국 대전으로 이사를 하게 되었다.

아버지가 아시는 분이 운전하는 10톤쯤 되는 큰 트럭이 있었나 보다. 그 큰 트럭의 한 귀퉁이를 겨우 채우는 조촐한 이삿짐을 싣고 떠나올 때 내 마음속에는 서울을 떠나는 아쉬움보다는 대전이라는 미지의 세계에 대한 호기심이 더 컸던 것 같다. 자신의 미래에 대한 비전이나 목표를 생각하기에는 너무도 어렸던 시절의 나는 큰 트럭의 앞좌석에 끼어 앉아 대전으로 향하는 여행이 즐겁기만 했던 것 같다.

대전에 도착해서 큰 트럭은 들어갈 수 없는 포도밭 사이의 작은 길을 따라 걸으니 저만치에 마중을 나오신 외할머니가 계셨다. 내 기억에는 이때 외할머니를 처음 뵌 것 같은데, 하얀 머리에 허리가 굽은 모습이 그리고 어렸을 적 천연두의 흔적이 남아 있는 얼굴이 인상적이었다. 이렇게 시작된 대전살이에서 나는 서울에서는 누릴 수 없었던 자연 속의 삶을 경험하였고 서울깍쟁이들과는 다른 순수하고 어리숙한 친구들을 만났다. 서울 덕수국민학교에서 1등을 했던 나는 대전의 천동국민학교에서 '공부를 하지 않아도 언제나 1등'을 하는 기염을 토하며 친구들의 전폭적인 지지로 반장을 도맡아 하기도 했다.

이 '헝겊 쪼가리'가 우리 어머니의 마지막 글인가 보다. 그래서 외할머니의 '조각보'를 생각하다 보니 같이 떠오르는 옛 추억을 주저리주저리 적게 되었다.

외할머니는 전형적인 조선 여인이셨던 것 같다. 언제나 아침 일찍 일어나서 머리를 단정하게 빗고 비녀를 꽂은 후에야 다른 일들을 시작하셨다. 외할아버지가 일찍 돌아가셔서 온갖 고생을 하면서도 혼자서 7남매를 훌륭하게 키우셨다. 옛날 분이시기에 당연히 아들들을 우선하여 교육을 시키셨고 그래서 큰이모와 막내 이모를 포함한 세 딸은 제대로 교육을 받지 못한 것으로 들었다. 우리 어머니의 마음속에 남아 있는 학습에 대한 열의와 갈망은 배우지 못했던 어린 시절에 대한 반작용은 아닐까 싶다. 어려운 살림에 많은 형제들을 키우다 보니 근검절약이 몸에 배어있는 삶이었을 것이다. 그래서 외할머니도 일찍부터 자투리 천을 모아 '조각보'를 만드시곤 하셨던 것이리라.

대전에서도 홀로 지내는 일이 많았던 나는 학교에 다녀오면 혼자서 차려있는 밥상의 밥을 먹곤 했다. 그때 밥상에 차려진 음식을 파리나 다른 곤충으로부터 지키는 역할을 하던 것이 외할머니의 '조각보'였다. 작은 천 쪼가리들을 모아 한 땀 한 땀 바느질로 정성을 들여 만드신 조각보들을 보면서 그 솜씨에 감탄했던 기억이 난다. 철없던 나는 "보기 좋으라고 일부러 천을 잘라서 이렇게 조각보를 만드셨어요?" 묻기도 했었다.

외할머니의 근검절약과 솜씨는 물론 가족에 대한 헌신도 우리 어머니에게 그대로 전수된 것 같다. 어머니도 한 땀씩 바느질로 '조각보'를 잘 만드신 것은 물론 오래된 재봉틀로 옷과 다른 소품들을 뚝딱뚝딱 잘도 만드셨다. 기장이나 옷단을 줄이는 것도 쉽게 쉽게 하셨던 것 같다. 언제나 그런 모습을 보고 자라다 보니 나도 웬만한 바느질을 할 수 있었고 재봉틀도 제법 다루었다.

우리 어머니의 솜씨는 무엇을 만드는 데만 있는 것이 아니다. 바쁘고 힘든 생활 속에서도 틈틈이 '글과 시'를 적어내는 솜씨도 훌륭하다. 조각보를 만드시면서 느낀 단상을 '헝겊 쪼가리'라는 예쁜 시로 남겨놓으신 그 마음과 정성이 보는 이를 감동케 한다. '누구에게나 가져보기를 바라는 마음으로 틈틈이' 조각보를 만들어보았다는 마지막 구절에서 '누구에게나 착하다는 소리를 듣고 싶었던' 우리 어머니의 소박하면서도 절실했던 소망이 느껴지는 듯하여 죄송스러움과 고마움을 같이 느끼게 된다.

맏딸
엄마는 진짜 조각보를 만드셨다. '진짜 조각보'라 함은 정말 짜투리 헝겊을 이용해 만드셨다는 뜻이다. 요즘 보면 큰 천을 일부러 잘라 조각보나 퀼트를 하는 경우가 있던데 엄마는 짜투리 천을 이용해 만드셨다. 에어컨 덮개는 버리는 커튼을 이용해서 만드셨고 낡은 수건을 이용해서 발매트를 만드셨다. 어렸을 때는 현선이 예쁜 원피스도 만들어주셨다. 내가 고등학교 다닐 때는 우리 반 아이들이 외국 민속춤경연대회 참가로 아라비아 춤을 추는데 필요한 치마도 예쁘게 만들어주셨다. 솜씨 좋은 엄마를 두었지만 너무 고생스러운 엄마가 솜씨가 좋아 더 고생하시는게 싫어 바느질을 안 배웠다. 요즘에야 후회가 된다. 쪽보의 귀중함도 나이가 들수록 알게 된다. 사람 손이 얼마나 귀한지도 알게 된다. 사람 손 간 물건의 귀함도 점점 더 알게 된다. 이제야 철드나 보다. 엄마 쪽보가 다 어디로 사라졌는지 모르겠다. 다시 잘 챙겨야지….

맏사위
조각보를 한 뜸 한 뜸
꿰매신 어머니의 꿈
이어서 만드신 큰 우리들의 꿈
자식을 안으시고
손자녀를 안으시고
세상 사람을 품으신
만 생명을 키우시는 보자기
조각보 자신의 사랑을
펼치신다.

작은딸
엄마 팔순 잔치 때 직접 만드신 조각보와 함께 이 글을 전시하느라 모양낸 글씨체로 보관하고 원본은 아쉽게도 사라졌다. 내용만큼은 엄마의 생각이 고스란히 담겨 있고 근사한 조각보들은 자녀들과 지인들에게 모두 봉사 나눔 하셔서 각지에서 아마도 여전히 솜씨 자랑 중일 것이다.

우리집에도 세 개의 조각보가 있다. 한땀한땀 엄마의 정성이 담겨 있는 조각보!
이 모든 것이 참 감사하다.

작은사위
신혼 초 어머님의 조각보가 밥상을 덮곤 하였다. 조각조각 형형색색 한땀한땀 모자이크 밥상보는 정감이 갔다. 딱지 접듯 곱게 접은 비닐봉지 또한 정감이 갔다.

헝겊 쪼가리 비닐봉지 하나 허투루 다루지 않았던 어머님의 검소함이 예술적으로 승화하여 글로 표현된 명시이다. 버려지는 것이 모아져 모두가 좋아하는 쪽보가 되었으니 창조다.

同行 同行

인생길 동행하는 사람이 있다는것은
　　　　　참으로 행복한 일입니다.
힘들때 서로 기댈 수 있고
　　　　　아플 때 곁에 있어 줄 수 있고
어려울 때 힘이 되어 줄 수 있으니
　　　　　서로 위로가 될 것입니다.
여행을 떠나도 홀로면 고독할 터인데
　　　　　서로에 눈 맞추어 웃으며
동행하는 이 있으니 참으로 기쁨 일입니다. 사랑은 홀로는 할수없고
　　　　　맛있는 음식도 홀로는 맛없고
멋진 영화도 홀로는 재미없고
아름다운 옷도 보아줄 사람이 없다면 무슨 소용이 있겠습니까?
아무리 재미있는 이야기도 들어줄 사람이 없다면
　　　　　　　　　　독백이 되고 맙니다.
인생길 동행하는 사람이 있다면
　　　　　더 깊이 사랑해야 합니다.
그 사랑으로 인해 오늘도 내일도 행복할 수 있읍니다.
사랑합니다 ~ 그대의 모습.

한 주

맑아져라 맑아져라
　　　　　하늘처럼 맑아져라…
이뻐져라 이뻐져라
　　　　　가을처럼 이뻐라 ~
착해져라 착해져라~
　　　　　바람처럼 착해져라
맑아지고 이뻐지고
　　　　　착해지는 한주 될거라 믿어요

당신이 있기에 ~ 사랑합니다

빌린 책자에서 (22페이지)　너무 이쁘고
　　　　　　　　　　　　좋은 글이라서.
　　　　　　　　　　　　윤길.

2022년 새해 다짐

1 JANUARY I 2022 나의 다짐!

아무 생각! 하나도 정리 되지 못한채 새 해를 맞게 되었다. 한편 한심 한 생각이 든다.
그러나 이 나이에(89세) 98세된 남편을 모시고 미약하지만
(장애자)6년을 잘 보번것 같아서 자랑 스럽기도 하고
그래도 행복하게 생각 하자. 힘내자!!

하기 쉽고 편한 일은 누구나 다 할수있다
아무쿠나 하기어려운 일을 해 내야 장한일!
지금까지 는 잘 견디어 왔는데
또 한해 견디어 보자.
병든 남편 간호 하는일이니
자식들을 너무 아프게 하는 일인가?
아무도 강요 하지 않았다
오직 혼자만이 내가 당신 옆에 있기를
바랄 뿐이다. 원 한다.

T	F	S	MEMO
		1 신정	병용가족 내방 건원 5000c 오후에 큰아들내외 내방

네가 나에게 칭찬해 주고 싶다. 써래도 힘 들렀지만 또 다시 견디어 보자!

6	7	8	
13	14	15 현선 부부 내방 뜻밖의 현주부부도 내방.	
20 대한	21	22 병용가족내방. 뜻밖에 현주 내외 내방. 점심도 같이 못함.	12 2021 1 2 3 4 5 6 7 8 9 10 11 12 13 14 15 16 17 18 19 20 21 22 23 24 25 26 27 28 29 30 31
27	28	29	

맏아들

늘 하시던 일인데 새해를 맞아 다시 다짐하신다는 것은 그만큼 그 일이 힘든 일이기 때문이다. 꼬부랑 할머니가 몸을 못 가누시는 치매 노인을 모신다는 게 얼마나 힘든 일인가?

힘들 때마다 지금 하는 일이 보람되고 자랑스런 일이니 올 한해도 견뎌보자 다짐하시면서도 한편으론 자식들 아프게 하는 일임을 너무도 잘 알고 계신다.

자식으로서 큰 힘이 돼 드리지 못하는 게 죄송하고 마음 아프다.

둘째아들

"지금까지는 잘 견디어 왔는데 또 한해 견디어 보자."

89세 우리 어머니의 새해 다짐이다. 아버지가 쓰러진 후 우리 어머니의 삶은 까뮈의 에세이 〈시지프 신화〉와 닮아 있었을 것 같다. 바위를 산 정상으로 겨우 밀어 올리면 다시 아래로 굴러떨어져 다시 밀어 올려야 하는 끊임없는 형벌을 받은 '시지프'처럼 우리 어머니의 새해 다짐은 오래전부터 "또 한해 견디어 보자"라는 말의 반복이 아니었을까.

〈시지프 신화〉는 이렇게 끝을 맺는다. "산의 정상을 향한 투쟁 그 자체가 인간의 마음을 가득 채우기에 충분하다. 우리는 행복한 시지프를 상상해보아야만 한다."

신화는 끝을 맺어도 우리 어머니의 인생은 아직 미완성이다. 이 새해의 다짐을 마지막으로 아버지는 소천을 하셨고 어머니의 도돌이표처럼 반복되던 일상은 끝이 났다. 그래서 하나의 매듭이 완성되었지만, 우리 어머니에게는 아직도 하고 싶은 일들이 많이 남아 있다. 이제는 90세의 노파가 되어 새로운 일들에 도전하는 어머니의 모습을 보고 싶다. 그래서 끊임없이 완성을 향해 나아가는 우리 어머니를 응원한다.

맏딸

'내가 나에게 칭찬해주고 싶다. 새해도 힘들겠지만 또 다시 견디어보자' 작년 새해에 쓰신 다짐문이다. 엄마의 삶이 일상이 무거운 바위를 등에 지고 가시는 듯해서 늘 죄송했었다. 그리고 "엄마 충분히 하셨어요. 이제 아버지 요양원에 모셔도 되요."가 딸로서 내가 할 수 있는 유일한 해결책으로 내놓는 제안이었다. 어려움을 토로하시다가도 내가 이런 말을 하면 엄마는 곧 정신을 가다듬고 얼마 동안은 힘든 내색을 감추시고 아직은 때가 아니라고 항변하셨다. 코로나 때는 면회도 안 되니 안 되고, 코로나가 끝난 후에는 할 수 있는 때까지 하겠다. 정 못할 때 이야기할 때니 기다리라고만 하셨다. 힘드셨다. 있는 힘을 다해 임무를 완수하듯 아버지를 돌보셨다. 외할머니를 돌보고 할아버지를 돌보고 아버지를 돌보고…. 엄마의 삶은 돌봄의 연속이었다. 돌봄의 시간이 너무 길었다. 매해, 매 순간을 이렇게 다짐하면서 돌보고 사셨다. 남은 생은 좀 편안하셨으면 좋겠다.

맏사위
행복하게 생각하자. 힘내자
달력 위에 볼펜으로 눌러쓴
2022년 『나의 다짐』
병든 남편 간호하는 일

이 신성한 기도
이 맑은 소망
이 단순한 결심

바람이 쓰러질 듯
무너지다가
다시 일어서는 나무의
아름다운 탄력을 보는 것 같다.

작은딸
2022년 1월 1일, 여든아홉 되시는 엄마의 새해 다짐 글이다. 뭉클하다. '또 한해 견디어 보자' 힘듦을 이겨내기 위한 다짐을 하신다. 기적이라고밖에는 설명할 길이 없다.

본인의 고된 삶이 자식들을 아프게 하는 것 같아 마음 한켠이 걸리시는가 보다. 그래도 아픈 남편이 곁에 있길 원하니 잘 견뎌주고 있는 자신을 칭찬하며 다짐하신다.

새해 다짐은 작심삼일이라 했던가? 엄마의 작심은 27년째이시다.

작은사위
새해 첫날에는 희망의 메시지를 자신에게 보낸다. 내일이 오늘보다 좋아지기를 바라는 인간의 본심일 것이다. 작은 희망은 우리를 존재하게 하는 힘이다.

28년째 매년 새해 첫날 어머님은 같은 다짐을 했을 것이다. 시간이 지나며 좋아질 수 없는 아버님의 병환을 아시면서 말이다. 희망의 노래가 아니라 인내의 자기 다짐을 하시는 어머님의 새해는 아렸을 것이다.

2022년은 아버님이 어머님의 품에서 하늘나라로 가신 해이다. 2023년 새해 다짐은 무엇이었을까? 하늘나라 계신 아버님을 위한 다짐이었을 것이다. "여보 하늘나라에서는 건강한 한 해가 되길 바래요."

막내아들

요즘 회사에서 일을 하다 보면 작은 일에도 상처를 받거나 주기도 하고 오해로 인해 질시와 반목을 일삼는 경우를 자주 보게 된다. 참을성이 부족해지고 상대방에 대한 이해심과 너그러움이 점점 미약해지고 있는 이런 사회에 우리 엄마와 같은 분이 또 계실까?

어렵고 끝이 보이지 않는 고통스런 시간 앞에서도 스스로를 다독이고 독려하며 아름답고 자랑스러운 끝을 보기 위해 견디고 다짐하며 최선을 다해 하루하루를 보내신 엄마 항상 건강하시고 자손들 번창하는 모습 오래오래 지켜봐 주세요.

2부

당신 덕입니다

미운 정, 고운 정

2015. P.1 ②

결혼해서 살림난후 처음 오래 남편과 떨어져 보았다.
무뚝뚝 하지만 겅직하고 깨끗하고 부지런한 성품을 가진
성실한 단 사람.
아주 소중하고 귀한 사람 남편이였다.
누구하고 비교도 할수 없을만큼 귀한 남편이였다.
1996년 8.26일 쓸어진후 지성으로 간병을 했고
본인도 열심히 걷기운동하고 자기의 의지로 해결 할려고
노력 많이 해서 지금까지 유지 해왔다.
그런데 15여년 전에부터 의심병이 들기 시작해서
요지음 까지 심한말을 해서 내마음을 너무 아프게
해서 한다.
큰아들이 치매약을 끊치지 않게 계속 복용 하게 해서
의태를 됐는데 기억력이 조금 좋아지나 강도가 강해져서
너무 놀랐다. 동시에 죽여버리고 나도 죽고 싶을 만큼
그리고 나면 또 왜그리 불쌍한지? 이러지도 저러지도 못한다.
알토랑같이 못살았지만 그래도 남편의 그늘이 컸던것이라
억지로 떨어져겨 보니 세상사 아무것도 아니라는 깨달음을 배웠다
부부는 싸워도 미워도 같이 있어야 한다는 것이다.
많이 참고 배려 하면서 살았다고 자부 했지만 이번 잠깐의
별거를 기회로 더욱 배려 하고 사랑하자.
2015. 9

> 남편을 요양병원에 입원시켜놓고
> 큰딸 따라 집에왔다.
>
> 너무도 허전하다.
>
> 몹시 피곤도 하다
>
> 허전 하고 피곤한 몸내키 싫어 못난 옥수수와 포도를 막 먹어댔다
>
> 현주 문씨 피곤 했을터인데 나때문에 떠나지를 못한다
>
> 내일 출근 할 사람인데 서둘러 보내고 바로 잠자들어 잘지냈다.
>
> 아침에 일어나 무엇을 해야 할지 아무생각도 없다.
>
> 손에 일도 안잡힌다. 머리가 아프고 어지럽다.
>
> 아침도 굶고 건강체크를 했다 먹시(결과가 좋지 않음)
>
> 1996. 8. 26 / 2009. 6. 17 / 2008. 12. 1 / 2009. 1월 26일

맏아들

2015년이니 아버지가 뇌졸중으로 쓰러지신 후 20년이 지난 시점의 일이다. x-ray를 찍어보면 뇌 한 켠이 주먹만큼이나 검은 색으로 굳어있다. 오른쪽이 마비되어 여간 불편을 겪으신 게 아니지만 워낙 정신력이 대단하신 분이시니 그나마 더디게 치매 증세가 나타났고, 그중 하나가 어머니를 의심하는 것이라 그냥 웃어넘기기에는 어머니의 마음고생이 상상을 초월할 정도로 심했다.

어머니 위에 생긴 종양 제거 수술을 받게 되어 열흘 남짓 어쩔 수 없이 아버지를 요양병원에 모신 적이 있었는데 아마도 그때인 것 같다. 평생을 동고동락하시다 처음 떨어져 지내시게 되면서 느끼는 어머니의 소회가 진솔하게 묻어나는 글이다.

평생을 쌓아 오신 남편에 대한 신뢰와 현실에 닥친 미움 사이에서 갈등하며 힘들어하시는 어머니... 오죽하면 같이 죽을 생각까지 하셨을까.

치매 때문이란 것을 뻔히 알면서도 순간순간 아버지를 미워하기도 했었고, 자식으로서 고통을 같이할 수 없는 아픔에 더욱 가슴 아팠던 시절이다.

맏며느리
어느 날 갑자기 어머님의 위종양 수술을 하게 돼 열흘 간 아버님을 요양원에 모실 때의 어머님 모습이 떠오릅니다.

아버님을 바라보는 애잔한 모습….

걱정과는 달리 잘 드시고 잘 적응하셔서 다행이었습니다. 불편하신 아버님을 지극정성으로 모시는 모습을 지켜보면서 매번 배우고 있습니다.

어머님, 진심으로 존경하고 사랑합니다.

둘째아들
우리 어머니는 남편을 너무 사랑하고 존경하셨던 것 같다. 오랜 투병 생활에 심신이 지쳐 강인했던 정신도 더 이상 버티지 못하고 조금씩 허물어져 가는 남편을 옆에서 바라보며 참으로 어렵고 힘든 날들을 보내셨으리라 생각된다. 어려운 시절에도 고귀한 정신과 긍정적인 마음으로 앞장서서 가정을 이끌어 오던 남편의 변화를 우리 어머니는 쉽게 받아들이지 못하였던 것이 아닐까? 차라리 조금 덜 사랑하고 조금 덜 존경했더라면 '한 귀로 듣고 한 귀로 흘릴 수도 있었을 텐데….' 하는 아쉬움과 안타까움을 느낀다.

그래도 우리 어머니는 "이번 잠깐의 기회로 더욱 배려하고 사랑하자."라는 문장으로 글을 맺는다. 놀람과 아픔과 슬픔을 견디고 이겨내서 결국 더욱 사랑하겠다는 다짐으로 승화하는 그 마음이 어찌 하늘보다 높고 바다보다 깊지 않을까.

맏딸
초등학교 다닐 때 일기의 마지막 문장은 늘 다짐이었는데 엄마의 글이 그렇다. 애증이 교차하는 순간이 있었지만 늘 마지막 문장은 잘하리라 다짐하신다. 글만이 아니라 가끔 못 견딜 때 전화 통화로 푸념을 하시고는 꼭 끝에는 "걱정하지 마라. 엄마는 괜찮다. 다시 힘을 낼 거다." 등의 다짐과 다독임으로 마무리하신다. 엄마의 끊임없는 결심이 안심이 되면서도 걱정이 된다. 사람의 견딤은 어디까지일까?

맏사위
장인어른이 병원 신세를 지시고, 때로 치매로 가슴 아픈 말들을 쏟아내실 때 장모님이 어려운 시기를 보내셨구나. 장모님께서는 마음에 들어오는 온갖 잔상과 잡념들을 어른에 대한 사랑으로 이겨내셨구나.

따뜻하고 존중하는 그 마음이 참 곱고 아름다우시다. 어쩌면 우리도 가족들과 만

나는 이들을 이 마음으로 대해야 하지 않을까 생각이 든다.
 삶의 열매는 보이지 않은 곳간에 쌓이고 남에게 무한히 나누어 줄 수 있으리라.

작은딸
 부지런하고 정직하지만 표현 방식이 서툰 사람…. 엄마에게 아버지는 그런 사람이었다.
 우리에겐 한없이 자상하시고 밝고 긍정적인 아버지였는데….
 아버지의 일방적인 삶의 패턴에 늘 순종과 헌신으로 섬기시던 엄마의 고된 삶을 보며 난 절대로 엄마처럼 안 살거야 다짐하며 살았건만 비슷한 남편과 살고 있다. 보수적이고 일방적인 면에서, 엄마를 힘들게 하는 아버지가 그래도 나는 참 좋았다. 우리에겐 밝은 에너지를 듬뿍 주셨던 분이니까.

작은사위
 긴 간병에 효자 없다고 한다.
 그런데 어머님에게는 맞지 않는 말인 것 같다.
 긴 간병에도 최선을 다하시던 모습이 안스러울 정도였으니….
 반대로 아버님은 행운아이시다. 어머님을 만나서….
 나이를 먹으며 가장 큰 바램이 있다면 '남에게 짐이 되지 않는 삶'이다.
 어떻게 사는 것이 짐을 주지 않는 삶일까?
 답을 모르겠다. 어머님처럼 살면 될까? 자신이 없다.
 어머님 고맙습니다. 어머님 같은 딸을 주셔서….

막내아들
 미운 정 고운 정이라는 제목이 붙었지만, 그 누가 미운 정 고운 정만으로 우리 엄마와 같은 삶을 살 수 있을까?
 현명하시고 이타심이 너무나도 강한 엄마지만, 평생을 믿고 의지하고 살아 온 아버지가 몹쓸 병에 걸리시고 치매까지 얻으신 후, 뼈에 사무치는 말씀들을 하셨다니 그 심적 고통은 이루 말할 수 없었으리라.
 그렇지만, 그 모든 상황을 극복하고 또 새 다짐으로 남편과 자식들을 위해 지금껏 헌신하신 엄마, 이제는 등도 굽고 기력도 많이 쇠하셨는데, 자식들에게 폐가 될까 내색 안 하시고 묵묵히 세월을 이겨내고 계시는 모습을 생각할 때마다 눈물이 앞을 가린다.

한번 군인은 영원한 군인

6.25   6.25 참전 용사 64주년 기념 행사에 못 모시고 가 마음이
괴롭다. 좌를 치는것같은 하루였다.
T V를 보시며 하시는 말씀 대전에서 저런 행사가 있으면 내가
참석 해야 하는데 하신다.
뜨거운 한낮에 휠체어로 모시고 변금 수령하고 경노당에 모셔다 들였다.
아침부터 너무 피곤해 문화 센타에 또 전화 했다.

6.26 너무도 몹시 무거운 아침이다. 당신이 세운 시간대로 움직여야 편하다.
점심 먹고 휠체어로 이발소에 모셔다 들였다.
그동안 마음고생에 들려 볼일 보고 모시러 가는데 뜨거운 날에
네째가 너무 외롭하게 느껴 진다. 순간! 먹지도 마도 내컨강이 이만하
오히려 다행으로 생각하자. 경노당에 모셔놓고 집에와 밭에 울콩
덩굴 정리 좀 하다보니 6시 11분이나 되어 정신없이 모셔다 샤워를
들이니 배기분이 시원하고 개운하다.

6.27 남어지 마늘 캐기만 끝 뒷정리 못함.
치솔 당신 또 썼주면 한마디 던지신다. 아무대꾸 없이 지냈지만 기분별
경노당에서 점심먹고 샤워 하고 치과에 다녀옴.
너무도 더운 하루~
밤에는 통장건을 받음. 당신 통장도 가져와 하라. 비통강은 모두 와
했지만 갔다 보였어 완전히 무시당하고 사눈값같은 기분 별로!
마음을 비우자,

맏아들

6월 말 뜨거운 날에 아버지를 휠체어에 태우고 다니시는 어머니의 모습이 안타깝다. 집으로 나지막히 이어지는 비탈진 골목길이 나에게도 힘겨운데, 저 작은 몸으로 이 길을 어찌 다니실까? 걱정도 걱정이지만 죄송함에 몸 둘 바를 몰랐다. 때로는 당연한 듯 휠체어에 앉아계신 아버지가 밉기도 했다.

옛날 어른들은 다 그렇게 살았다지만, 어머니 같이 헌신하신 분이 어디 또 있으랴? 하루하루 복장 터지는 나날들을 마음을 비우고 또 비우며 돌아가시는 날까지 아버지를 위해 희생하신 어머니의 삶이 과연 옳은 삶이었을까?

아내로서의 더 할 수 없이 옳은 삶을 사셨지만 지켜볼 수밖에 없었던 자식은 괴로웠지.

둘째아들

배려심을 타고 나신 우리 어머니. 모르는 사람의 일이라도 마음을 기울이는 우리 어머니의 천성일진대 하물며 하늘 같은 남편에 대해서는 오죽하셨을까 싶다. 당신 자신의 힘든 마음과 일상을 억지로 이겨내며 남편의 뒷바라지를 하는 모습이 슬프면서도 아름답다. 그리고 아무런 도움이 되지 못하고 지켜만 보고 있는 나 자신이 원망스럽다.

맏딸

최근에 가까운 분을 전화에서 차단했다. 내 판단으로는 망상이 있어 있지도 않은 일로 상대를 비난하는데 그 수위가 도가 지나쳤다. 비난의 대상이 막상 내가 되어보니 이해는 하면서도 감당하기 힘들었다. 그래서 안타까운 마음이 있으나 내가 도울 수 없는데 더 이상 내 삶을 흔드는 문자는 안 받는 게 좋겠다 싶어 차단하면서 생각나는 사람은 엄마다. 나는 몇 번의 비난을 받고 상대를 차단했는데 엄마는 아버지가 뇌졸중 후유증으로 망상이 생기셔서 말도 안 되는 억울한 말을 많이 들으셨는데도 일상의 병수발을 다하셨다. 아버지를 엄마로부터 격리해야 한다는 생각이 들 때가 많아 고민을 많이 했지만 완강하게 엄마가 받아들이지 않으셨다. 힘들어하시면서도 아버지를 요양원에 모시려는 논의만 있으면 괜찮다고 손사래를 치셨다. 우리 자식들이 엄마에게 너무 잔인한 것 아닌가 하는 자책이 일 때가 많았다. 그런데도 끝까지 엄마의 원대로 엄마의 품에서 아버지의 임종을 지키셨다. 대단한 일이지만 딸 입장에서는 안타깝고 속상하다. 10만 원 들고 버스타고 기차타고 하염없이 무작정 여행하고 싶었던 엄마의 꿈은 이제는 정말 꿈이 되었다. 사시던 동네를 한 바퀴 돌아보고 싶으셨던 엄마는 어디 가시자고 제안해도 참 좋은 곳이 많은데 이제는 그런 곳을 다니기에는 내가 너무 나이가 많다고 하신다. 수영장을 다니자는 조카의 제안에도 귀가 솔깃하지만 이제는 "내가 너무 늙어서⋯."라고 말을 흐리신다. 속이 상한다. 가능한 여기저기 모시고 다녀야겠다. "엄마 지금 이 순간이 엄마 남은 생애의 가장 젊은 날이래요. 제발 남은 날들 행복하고 건강하시길~"

맏사위

장인어른을 모시면서 장모님이 겪으셨을 어렵고 힘든 일들과 마음의 흔적이 고스란히 드러나는 글이다. '죄짓는 것 같은', '기분별', '기분별로!', '다행으로 생각하자', '마음을 비우자.'

과거에는 집안의 어른을 집안의 식솔들이 함께 모셨다. 백지장도 맞들면 낫다는 식으로 말이다. 이제는 우리 사회가 함께 감당할 때인데도 우리 부모님 세대는 대부분의 경우 여성들이 홀로 맡는 경우가 많았다. 누구보다도 장모님이 장인어른을 모신 일은 오직 홀로 감당하기 어려운 일이셨다.

뇌졸중 후유증으로 거동이 불편하신 데다 치매까지 동반된 환자- 원래의 원칙적이시고 전형적인 가부장적 사고를 지니신 장인어른의 모든 것을 수용하신 장모님은 놀랍기까지 하다. 수행자의 모습이다. 평생 다른 사람을 돌보시고 천성적으로 친화적인 착한 성품에다 자신의 마음을 끝없이 다스리며 어려움과 어지럽게 일어나는 마음의 변화를 다 이겨내신다.

다음 세대의 이 집안의 여성들은 장모님과 달리 좀 더 평안하고 편안한 노후의 삶을 살아가기를 기대해 본다.

작은딸

엄마의 생체리듬은 온전히 아버지에게 맞춰져 있다. 중풍으로 몸이 불편하신 아버지를 30여 년 동안 손과 발이 되어 지극 정성 살피셨다.

올해 엄마 연세 90!

60대부터 엄마는 아버지의 또 다른 몸이셨다. 60대에 운전을 배워서 편찮으신 아버지를 모시고 다녔고, 80 무렵에 요양보호사 자격을 따서 간호를 온전히 감당하셨다. 때론 지치셨겠지, 때론 무너지기도 하셨겠지.

그러나 엄마는 대접받고 어리광 부리며 고집스러운 노인이 아니셨다. 스스로 생각을 바꾸고 오뚜기처럼 일어나셨다. 몸이 부서질 듯해도 청춘의 열정과 수도사의 수련을 무색케 할 만큼 강단 있게 살아내셨다. 아버지를 극진히 모시며⋯.

그래서 우리는 엄마의 커다란 방패막이 헌신 안에서 편했다. 편하다는 말이 죄스러울 만큼 감당할 일이 적었다.

노년의 삶이지만 아직도 우리는 엄마의 속 깊은 방패막이 안에 안전하게 살고 있다. 엄마의 위대한 힘은 진행형이다.

작은사위
6월은 더위만큼이나 뜨거운 역사를 간직하고 있다. 6.25 전쟁을 경험하신 아버님께는 더위보다 더 뜨거운 감정이리라. 그러한 사실을 아시면서도 행사장에 모시지 못하는 어머님의 안타까움이 애잔하다.

불편하신 아버님을 위하여 맞춤형으로 일상을 진행하는 어머님의 지극함이 육체적으로는 얼마나 힘드셨을까? 통장검열! 군인 아버님이기에 가능하셨을 것이다. 한 번 군인은 영원한 군인이라는 대한민국 남성의 마초 문화가 느껴진다.

마음이 상하여 토라져도 내색하지 않고 아버님의 요구사항을 들어주시며 배려하시는 어머님!

어머님은 오늘날의 최사임당으로 부족함이 없으시다.

어머님 감사합니다. 저는 어머님 덕에 미래의 예사임당과 살고 있어요.

막내아들
세월이 지날수록, 세대가 변할수록 사람들의 참을성은 점점 없어지고 개인을 중심으로 살아가는 경향이 강해지는 것 같다. 이런 세상에 우리 엄마의 삶은 참 어울리지 않는 것 같다.

평생을 가족을 위해 헌신하며 살아오셨고 때론 힘드시고 지치실 때도 있었겠지만, 그 모든 것들을 이겨내신 우리 엄마. 그 와중에도 무언가를 하시고자 최선을 다하셨으나, 여건이 허락지 않아 끝까지 이루지 못할 때 얼마나 괴로우셨을지….

가끔 엄마를 힘들게 하셨던 돌아가신 할아버지가 생각난다. 나는 그 분이 너무 미웠다. 다행히 아버지가 밉진 않았다. 그저 고달픈 삶을 사시는 엄마의 모습이 안타까웠을 뿐.

언젠가 엄마와 대화를 나누다가 아버지는 정말 복을 타고나신 분이라고 말씀드렸더니 정색하시면서 "절대 그런 생각하지 마라. 나는 아버지를 모실 수 있다는 게 너무 행복하고 나의 사명을 다하는 당연한 일이다"라고 말씀하신 기억이 난다.

잘 이해가 가지 않지만, 엄마는 정말 대단한 분인 것 같다. 가끔 술마시고 퇴근하다가 엄마 얼굴이 떠오르면 어두운 밤거리에서 혼자 흐느끼곤 했는데, 이제는 엄마가 행복해지실 수 있는 일들을 하실 수 있게 해드리는 자식이 되고자 한다.

문화센터의 위로

14년
11.30 어제 새벽에 나 약좀 발라야겠어 깨우시기에 팔장처에는 쎄레스톤지연고
바르고 몸전체에는 그동안 바르던 보습제 파짓막 전부 쏟아 발르고
바로 잠이 드셨다 (두째 자매가 생일선물로 사옴)

14.12 오늘은 12.1초 저녁부터 가려워 하신다 지르택도 잡수셨는데
가려워 애쓰는것을 볼때마다 너무 안타깝고 속이 많이 상한다.
함께 화장실 다녀오후에 누우세요 약 바르게요 했더니
별 수없어 구순약을 발라 가지고 이렇게 가려워 전에는 이런일이
한번도 없었다 하신다. 전에 가려워 고생하신것 잊으셨으니 다행이
네요 하루에도 몇번씩 긁어주고 약 발라주고 오른친 이라는 알약을
잡수시면 잘 가라 앉아 안서 다행으로 생각하고 살았는데
한약 엑기스를 잡숫고 몸전체가 물집 투성이 긁어서 벽개 가지고
진물 투성이 대학국에서 체질 개선 해야 한다고 (유코빅골드정) 줄곧
피부과도 다니고 가은 프라임의원에서 주사맞고 나섰다 하기에 사정해서
주사를. 몇달을 맞기로 하다가 말고

11년 12월 2일 하이리빙 사람을 따러 춘천 공장까지 견학하고
15만원 짜리 약을 사서 ~~~~~~~ 몸전체에 광사지하고
뿌리를 뺀다고 작혼기 발려다 과훈도 거의 3개월 정도 했고
다행히도 돈은 많이 들었지만 효과가 있어 보람을 느끼고 지냈고
단천옥액을 중단하게 된것은 내가 손목이 부상을 당해서
입원 하는 바람에 갑작이 쉽게 중단하게됨 단천옥 로션을 사서
발라 드리면 신기 하게도 잘 주무셔 다행이었음.
무슨 몸에 조금만 아픈건 걸러건 이상이 생기면 하시는 폰넌 왜 이럴까
전에는 이런일 한번도 없었는데 하시면 걱정이 태산이다.
19년 동안 자기만을 위해 간호해준 나는 무엇했나? 싶다.
성색끈 버고 싶어하는것은 아니고 자갸를 위해 허시이라 밖으 써도 꾀언

아들 것이다 마누라가 옆에서 지키고 애쓰고 있다고 믿으면
본인도 훨씬 행복 할 터인데 그러면 나도 보람스럽고 행복 할터인데.
어째서 그리 의심병에 걸렸는지 참으로 속상한다.
힘들어 죽겠다 정말 불쌍한 사람이다 미워 미워 싫다가도 불쌍한
마음 때문에 미워하지도 못하는 내가 못난이
새벽에 잠에서 깨어 이런생각 저런 생각때문에 불안하기 그지없다.
집안정리도 엉망, 밭도 뽀기가 안되고 남편도 병정 할수없고
몸은 힘들고 어찌 해야 할까?
요사이는 내자신이 밉다 싶다.

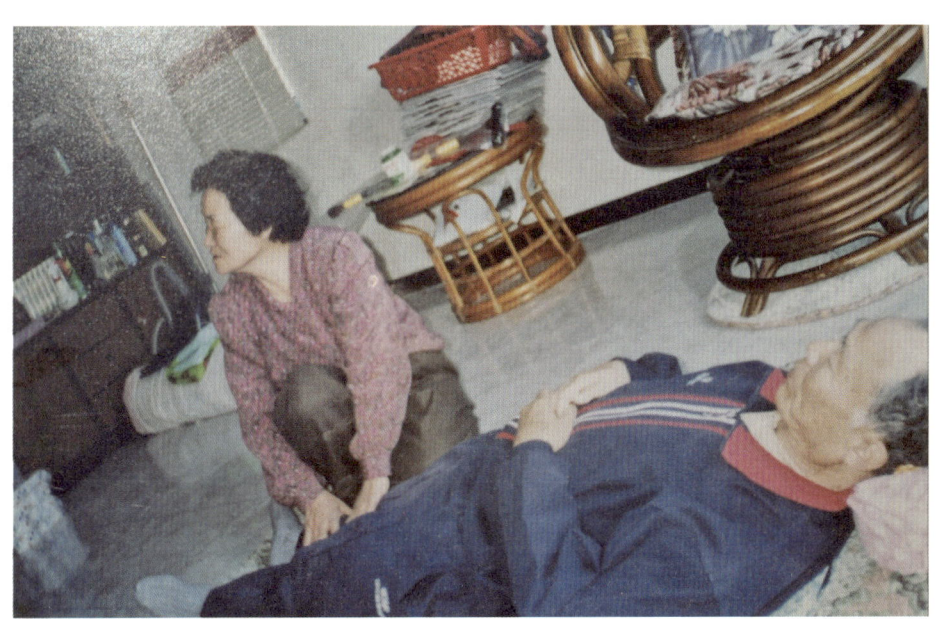

평생 내시간이라고는 한가히 가겨본적이 없다
2015. 1. 7 문화센터에 등록돼서 매주 월요일, 수요일,
나갔다가 온다. 공부는 영 안된다. 그만 둘가 몇번 생각해
겼다
 오늘 당신 공부하러 안가 하시며 챙겨주신다 (남편께서)
조심해서 천천히 잘다녀와 하신다.
  마누라 어디 나가는것 싫어하시던 남편의 허락
 너무도 고맙다.

초췌 해지는 남편의 모습이 마음 아프다.
얼마나 더 생존 하실지 모르지만 불편한 몸으로 지내시는 남편이
너무 힘 들어 하신다. 불쌍한 양반!

2015. 1. 27
병용전화 아버지 복지카드 휴대폰에 적어서 보내줌.
아침부터 한정아 힘빌려서 해보았다
너무 못하고 묻는늘게 많다.

 1. 28 수요일
  날씨 너무 춥다. 문화센터에 다녀오고
  오후에는 영도강에 남편 모시고 놀다왔다.
  속절없이 하루를 보냈다.

맏아들

아버지는 뇌졸중의 후유증으로 오랫동안 치매를 앓으셨다. 다행히 그 정도가 심하진 않았지만, 아버지가 가장 소중히 여기고 고마워해야 할 어머니에 대해서는 모든 면에서 의심하는 증세가 유난히 깊었다. 어차피 보신들 잘 알지도 못하시면서 수시로 통장 검사하고, 어머니가 눈에 띄지 않으면 말도 안 되는 별의별 의심으로 괴롭혔고, 그 정도가 심해 어머니는 말할 수 없는 고통을 받으셨다.

의심증은 흔히 있는 치매 현상 중 하나라지만, 그런 환각을 겪는 아버지도 힘들고, 그걸 받는 어머니도 힘들고…. 어머니께는 치매니까 힘들어도 이해하시라고 말씀드리지만, 어머니가 겪는 정신적인 고통은 육체적 힘듦의 몇 배 몇십 배였을 것이다.

일제강점기를 겪으신 어르신들은 부유한 가정에서 태어난 일부를 제외하곤 대부분 배움의 기회를 얻지 못했다. 특히 여성들은 더욱더 그래서 문맹도 많았다. 어머니는 그 어려운 환경 속에서도 늘 배움을 갈구하셨고, 그만큼 현명하셨다. 지나고 나서야 하나하나 알게 된 어머니의 배움에 대한 의지와 실천은 놀라울 따름이다.

운전면허를 따서 불편한 아버지를 차로 모시고 다녔고, 스스로 집안에서 돌보시기 위해 요양보호사 자격증을 따신 것은 모두 70~80대에 하신 일들이다.

최근에 어머니가 공책이나 달력 뒷장에 일기처럼 그날그날의 소회를 적은 이 글들을 발견해 이렇게 읽어 내려가노라면 그저 놀라울 따름이다.

훌륭한 어머니가 늘 감사하고 소중하고, 그저 아픈 곳 없이 오래오래 사시길 바랄 뿐이다.

둘째아들

"내가 전생에 예씨 집안에 죄를 많이 지었나 보다" 우리 어머니는 가끔 이렇게 푸념하시곤 했다. 평생을 자신의 시간 없이 남편과 자식들을 뒷바라지한 것도 모자라 어쩔 수 없이 시아버지와 남편의 병시중까지 들어야 했던 당신의 인생을 아무런 심적 갈등 없이 받아들이기는 힘들지 않았을까? 그렇게 아프고 견디기 힘들었던 마음이 잠시 쉬어갈 수 있는 여유조차 없어 이런 푸념으로 탈출구를 찾았던 것 같아 새삼 마음이 아프다.

뒤늦게 문화센터에 등록하신 것도 배움에 대한 갈망과 더불어 잠시만이라도 당신의 시간을 갖고 싶었던 마음의 탈출구가 필요했던 까닭이 아닐까 싶다. 그리고 그런 잠깐의 일탈도 오롯이 즐기지 못하고 결국은 남편 걱정 자식 걱정으로 안절부절못하신 것 같아 안타깝기 그지없다. 이제는 다른 걱정 없이 편하고 행복한 마음으로 좋아하는 일 마음껏 하시면서 하루하루를 즐기시면 좋겠다.

맏딸

 평생 자신을 위해서는 돈도 시간도 쓰지 않으셨던 엄마는 아버지를 위해서는 큰돈 쓰시는 것을 마다하지 않으셨다. 아버지께서 뇌졸중 후유증으로 거동이 불편하신데다 가려움증으로 고생을 많이 하셨다. 엄마는 늘 가려움증이 얼마나 괴로운지 옆에서 보기 힘들다고 하시며 좋다고 하는 약은 아무리 고가여도 구입해서 아버지께 발라드렸다. 가려움증이라도 없었으면…. 늘 마음 아파하셨는데 지금 생각해보면 엄마가 아버지를 워낙 잘 보살펴주시니까 엄마가 너무 힘드실까 걱정이 앞섰지 몸이 불편하고 가려움증으로 고생한 당사자인 아버지가 얼마나 괴롭고 힘드실까에 무심했던 것 같다. "아버지 좀 어떠세요?" 여쭈면 "걷지를 못해서 그렇지 아무 문제 없어" 하고 늘 "아무 문제 없다"를 명랑하게 외치신 아버지의 말씀을 곧이곧대로 믿었던 듯하다. 그러니 엄마는 혼자서 고전분투하셨다. 그 와중에 문화센터를 다니시며 일본어를 익히시고 요양보호사 자격증을 따시고 텃밭을 일구시고 시장에 내다 파시고 동네 경로당 행사에 참여하시고 동네 노인분들 경조사 챙기시고 갈등을 중재하시고 얼마나 바쁜 종종 발걸음을 걸으신 걸까? 밭에서 일하시면서도 끼니 때마다 아버지 챙기시고 간식 챙기시고 수시로 아버지가 불러대면 오가신 엄마의 종종 발걸음이 새삼 부은 발, 굽은 다리의 통증과 겹쳐 다가온다.

맏사위

 "평생 내 시간이라고 한가히 가져본 적이 없다." 문화센터 등록.
 교육에 관련된 일을 하다 보니 배움의 기회를 갖는 것이 얼마나 중요한지 새삼 느끼게 된다. 우리 윗세대 어른들은 이런 축복에서 소외된 것 같다. 배움은 넉넉하게 시간이 주어질 때 기쁨을 준다. '때때로 배우고 익히니 즐겁지 아니한가.' 자신만의 시간, 배움과 학습의 여유를 충분히 누렸다면 장모님은 놀라운 재능들을 발달시키고 실현하셨을 텐데…. 아쉬움이 크고 마음이 아프다. 배움의 기회와 시간을 빼앗긴 모든 이들, 특히 윗세대 어른들에게 죄송하다고 말하고 싶다.
 요즘은 사회에서의 경쟁, 성적 경쟁 때문에 공부하는 시간은 많지만, 배움의 여유와 시간을 잃어버린 어린아이들과 청년들에게 어르신들의 배움을 향한 이 깊은 갈망은 교훈이 될 것이다.

작은딸

 살다 보면 힘이 들 때가 있다. 지치고 고단한 순간들이 있다.
 그런데, 엄마의 생활 기록을 읽다 보면 나의 꾀병(?)이 부끄럽다. 평생 자신의 시간을 한가히 가져본 적이 없다는 엄마의 고백이 목구멍을 뜨겁게 한다.

측은지심의 DNA가 유독 강하게 전수된 우리 엄마! 병든 남편이 불쌍해서 억지소리를 해도 더 인내하신다. 그러는 사이 당신의 몸과 마음은 더 부서지는데 그것마저도 인내로 극복하신다. 자식들 힘들까봐 어리광도 안 피우신다. 그것 역시 측은지심이 깊게 뿌리내린 초월적 자식 사랑의 힘이시리라. 얼마나 힘드셨을까? 멀리 산다는 이유로, 여러가지 나름의 어려움이 핑계가 되어 자주 뵙지도 못했던 나는 상상조차 두렵다.

위대하신 분! 고마우신 분! 그저 감사합니다.

작은사위

인체의 어느 부분인들 아픔에 차이가 있을까. 환자는 자신의 병이 제일 고통스럽게 느껴진다. 병의 원인을 외부로 돌려 마음의 위안을 얻으려는 심리가 작동한다고 한다. 그래서 병간호가 어렵다.

'전에는 안 그랬는데 왜 이러지?' 소리에 철렁했을 어머님의 마음이 짐작이 간다. 운명으로 돌리기에는 육체적, 정신적 고통이 얼마나 컸을까?

어머님은 현명하시다. 고통을 끌어안고 한숨 쉰다고 해결될 문제가 아님을 아신다. 문화센터 강좌에 몰입하여 위기를 극복하는 현명하심! 마음을 다스리심이 성철스님이 울고 갈 정도이시다.

종교적으로 교회를 나가지만 정서적으로 풍경소리 은은하고 조용한 사찰이 좋다. 원적산 둘레길에서 시나치는 영원사에는 부처님노 있지만 예수님도 있다. 언젠가부터 어머님의 마음도 가득함을 느낀다.

막내아들

엄마는 초인이다. 영화에 나오는 수퍼맨, 헐크는 아니지만, 도저히 상식적으로 해낼 수 없는 일을 가족에 대한 사랑과 책임감으로 그저 버티고 견디내고 또 견디고 버텨내는 아무나 할 수 없는 그런 일을 해내는 초인이다. 점점 약해지는 기력으로 인해 최선을 다하고 싶은 심정과 달리 안타까움이 커지고 있지만, 그러함에도 끝까지 버티고 견디고 지켜내신 우리 엄마는 초인이다.

조금은 쉬고 기대고 하셔도 될 텐데, 그마저도 자식들에게 어려움이 될까 걱정하며 그저 버티고 견디고 하신다.

나는 엄마가 초인이 아니면 좋겠다,

아버지의 자존심, 속 타는 어머니

당신 말이야! 이말만 들어도 우선 겁부터 난다.
무슨말씀을 하실려나 싶어서이다.
이번 설에 있는돈 다 찾어다가 아이들 한테 나누어 주게 다 찾어와. 지난번 모처럼 어렵게 제가 겪은 이야기를 잘 들어 주어서 ~~주어서~~ 기분 좋았는데 왜 달라졌어요.
무슨말! 만약 내가 먼저가고 당신 홀로 남게되면 시설로 가실때 쓸수있게 하시라고요.
아내야 당신도 돈이 안좋고 나도이 모양인데 정신있을때 해결하고 다시 모으면 된다 하시며 막무가내시당. 당진 쓸어지실때 통장에 돈 한푼 없었고 1억 여원 모아지니 큰부자같이 생각 되시나 보다 당신 이름으로 된것까지 몽땅 해서 하신당. 우리생전 지녀야 한다 말씀 드려도, 지금 죽곳 갔다 나누어 주어야 푼돈이나 밖에 안된다 말씀 들여도 소용없이 고집이다 당신 통장껏 까지합해서 반은이번 설에 반은 내년 설에 나누어 주신단다. 최면히 배포이라고 3000만원 해놓은것까지 모두 계산한다 나는싫어요 언잖게 일단 끝 냈지만 서로 뻥뻥 하기만 하다.
그날밤 된 시작이시당. 당신뜻대로 하시되 추석으로 하세요 기왕 하는것 설에 하지 추석으로 하자는 이유가 무엇이야 소리소리 지른다. 정기예탕이기 때문이라 말씀 들여도 그까짓 이자 상관없이 찾어오라신다. 그럭저럭 몇일뒤 2월 5일 저녁에 있은일. 이번엔 그만두고 내생일때 다 모이거든 그때해 말씀 하셨다. 2016. 2. 5

> 그
> 원래 옹고집이지만 혼자와 어찌 하겠나 뜻대로 해야지.
> 그런데 조건을 걸었다 버것은 자연 그렇게 할생각 없고요 당면재산
> 분배 하는 마당에 막누라에게도 좀 주어요, 이억 오천 가지고 하세요
> 그렇게 하겠다 쾌히 말씀 하셨다. 생각밖이였다. 한번에 끝내요
> 3. 4일이 생신이고 2. 27일 1년 예탁마감 날 찾어다 놓았다가
> 3. 5일 모여 하시도록 해야겠다. 이왕기분 좋게 해 드려야지
> 반 찾어다 올해 하고 반은 내년에 하고 하지마시고요.
> 그전. 2. 27일 마감것만 제대로이고 3.31일 2개 4.8 1깐 5.15 1깐
> 8.26 소치 8.31 0것
> 이렇게 결정 ~~ 하기까지 속도썩고 화도나고 배신감 때문에
> 고민 많이 한끝에 마음을 바꾸기로 했다. 얼마 안되지만 이자가 아깝다

맏아들

어머니께서 알뜰살뜰 모으신 귀한 돈인데, 아버지 고집대로 자식들에게 이리저리 나눠주라는 내용을 보니 마누라에 대한 배려는 전혀 없다. 사실 그 돈이 모인 것은 아버지의 소소한 연금 덕이 크겠지만, 아버지 병환 뒷바라지 와중에도 고생고생 텃밭 일구어 내다 팔며 알뜰살뜰 모으신 귀한 재산인데, 두 분이 생활하시기에도 빠듯한 상황에서 그 정도까지 모으신 게 놀랍고, 그러기까지 얼마나 고생을 하셨을까 생각하니 속상하기도 하다.

부모님이 자식들에게 손 벌리지 않고 두 분 생활하시는 것만 해도 자식 입장에서는 너무 고마운 일인데, 이렇게 고생고생 모으셨으니 그 돈은 당연히 두 분을 위해 쓰여야 할 돈이다. 다만 두 분이 쓰실 만큼 쓰시고 돌아가신 후에 남은 돈이 있으면 말씀하신 비율대로 나누기로 했고, 오늘 이후 따로 모으시는 돈은 당연히 어머니 몫이다.

동생들에게 내용을 전했고 5남매가 쾌히 동의했다.

둘째아들

"'당신 말이야!' 이 말만 들어도 우선 겁부터 난다'라고 하시는 우리 어머니가 한편으로는 이해가 되면서도 다른 한편으로는 안타깝기만 하다. 지난 일들을 돌이켜 보면 매사에 우리 어머니의 생각이 훨씬 합리적이고 옳았던 것 같다. 그러나 두 분의 생각이 서로 다르면 결국은 아버지의 호통 한 번에 당신의 뜻을 접고 순종하는 모습이 항상 보기 좋은 것은 아니었다.

이 글은 아버지가 뇌졸중으로 쓰러지고 나서 20년이 지난 2016년에 적으신 것이다. 아무리 올바른 말을 해도 받아들이지 않고 자신의 고집만 앞세우는 아버지 앞에서 우리 어머니의 마음은 얼마나 답답하고 아팠을까? 이미 병환이 깊어 올바른 사리 판단이 점점 어려워지는 아버지의 말씀은 한 귀로 듣고 한 귀로 흘리는 것이 좋지 않았을까? 이런 생각을 하면서도 오랜 시간 아버지의 의견을 따르며 순종하셨던 우리 어머니를 생각하면 그냥 가슴이 미어지고 안타까울 따름이다.

맏딸

엄마는 늘 아버지의 연금을 고마워하셨다. 화수분이란 표현을 쓰시면서 많지는 않아도 규모있게 쓰면 무슨 걱정이냐고 하신다. 내가 연금 수령자가 되어보니 엄마는 어떻게 그 적은 돈으로 경조사 다 챙기시고 우리 새뱃돈도 챙기시고 아들들의 맏아들 보험도 챙기시고 하면서 또 돈을 모으신 걸까? 놀랍기만 하다. 텃밭에서 나온 채소들을 장에 내다 파시면 마치 물물교환이라도 하듯 아버지 드실 생선이나 과일 등을 구매해오셨다. 한 번 엄마 따라 추운 겨울 엄마가 자주 가시는 대전역 앞의 중앙시장을 장보러 갔다가 엄마의 시장은 물건만 사고 파는 장이 아니라 사람과 사람이 만나는 장임을 확인하고 감동받았던 기억이 난다. 서로의 안부를 묻고 가족까지 챙기고 엄마는 거스름돈을 안 받으려하고 장사하시는 할머니는 꼭 내주려하고, 조금이라도 더 싸게 사려하고 조금이라도 비싸게 팔려고 하는 세상에서 별천지를 보는 기분이었다. 그런 시장에서 엄마는 따뜻한 관계와 더불어 알뜰살뜰 살림하고 저축하여 목돈을 만드셨다. 그런데 통장만 검열하신 아버지가 그 돈을 자식들에게 나눠주셨다. 당신은 '또 모으면 되지' 하면서 엄마에게는 한 푼도 안 주시고 우리들로서는 느닷없이 어느 명절에 큰아들, 아들 둘, 딸들 차등을 두어 분배하셨다. 아버지는 엄마가 돈 만드는 기계 같은 능력이 있다고 믿었던 게 분명하다. 우리는 다시 그 돈을 모아 아버지 몰래 엄마에게 돌려드렸다. 엄마 아니면 그 돈은 모으지 못했을 불가사의한 돈이니까 엄마 것이 분명했기에….

맏사위
사람들의 생각을 분명하게 만드는 것이 경제(돈) 계산이다. 우리의 사람살이의 기본이다. 장모님은 이 기본을 아주 잘 생각하시고 사신 것 같다. 노후에 대한 준비, 자식들에 대한 생각도 그 바탕이 되는 자신을 위한 경제개념이 있어야 한다. 장모님의 지혜의 의미를 곰곰이 생각해 보아야 하겠다.

작은사위
부모는 자식에게 아낌없이 주려 한다. 군인연금으로 사시면서 모은 돈이 목돈이 되었다. 어머님의 지혜로운 생활이 만들어낸 기적이다. 자녀들에게 분배해 주고 싶은 아버님의 마음….

어머님은 금전적으로 자녀에게 주는 것이 전부가 아니시다. 늙어 거동이 불편할 때 부담을 주지 않는 것이 자녀에 대한 위대한 유산으로 여기신다. 자녀에게 의탁하지 않고 편리한 요양원에 들어가 자녀의 짐을 덜어주려면 재산이 있어야 한다. 얼마나 현명하신 판단인가?

어머님께 배워야 한다. 이제는 우리의 문제가 되어 간다. 육체는 늙으면 쇠퇴해 간다. 누군가의 도움 없이는 살 수 없는 단계가 온다. 어머님의 지혜를 지금부터 실천해야 한다.

막내아들
아버지나 엄마에게 돈은 어떤 의미일까?

두 분 모두 당신들을 위해 모아놓고 부귀영화를 누리기 위한 재산축적과는 거리가 멀고 자손들을 위해 사용하고자 하셨으나, 그 방식은 너무나도 달라 보인다.

아버지는 사실 날이 얼마 남지 않았으니 모였을 때 나눠주자는, 약간은 충동적으로 말씀을 하신 것 같고 엄마는 자식들 어렵게 하지 않기 위해 만약을 위해 보관하고 있어야 한다고 말씀하신 것이다.

가만히 생각해 보면 엄마는 정말 현명하신 것 같다. 혹시라도 두 분에게 변고가 생겨서 감당하기 어려운 상황이 닥치면 자손들에게 큰 시련이 될 것을 우려하시어 그런 생각을 하셨을 것이다. 엄마의 지혜와 현명함은 누구에게라도 좋은 본보기인 것 같다.

<못다한 말>

편찮으신 부군께 노인회장 사표를 내시라고
요청을 해도 회장이 없고서에는 부회장이 다 처리
하게 되어 있다고만 하신다
나의 마음을 도무지 모르신다.
나는 최 총무가 하는일이 너무 희미해서
나중에 도의적인 책임 질 일이 생기면 건강하지
못한 분께 신경쓰게 될까 염려가 되어서
하는 말인데 도무지 태연하기만 하신다
병이 낫어서 또 회장 하실거냐고 까지 떼를써서
보았다. 남편말씀을 맞는 말이다. 하지만
최 총무가 도무지 희미한데다가 기록을 안해서
애를 쓰시던 것을 보았고 실수하는 것을 여러번
보았기 때문에 심히 염려가 되던중 황 회선
씨가 다녀 가시고 며칠후 박홍준씨와 윤이항씨가 오셔서
회장을 하지 않으시려면 사표를 내는것이 좋을
것이라는 말을 할때 내가 바라던 바 였기에 옆에서 찬성을
하였음 사표 내 므나 노인회 총회 정진나 1994. 1월

속상해도 내 남편이다

간밤에 잠자리에 들때부터 걱정 스러웠다.
남편의 기분상태가 좋지못한듯 싶어서였다.
아니나 다를까. 그젓게 밤에도 한말 계묘하고 대화동 외숙모
하고 다녀 가신일이 있었다 딴편에 막내이모하고 현자업마 하고
다녀 가신일도 있었고 그때마다 새로 점심 대접해서 가시게
했고 같이 식사 했을 터인데 왜저 밥도 안먹고 아무말도 하지
않고 그냥갔다고 이유를 물으셨다고 당진 생각좀 해보라 신다
전연 맞지 않는 일이다 하지만 그생각에 마추어 말을 했어야
하는데 그럴리가 없다고 점심 새로해서 같이 식사 했다
하니 화를내어 큰소리소 나는거짓말, 없는말 하지 않는사람
인데 어째서 당신은 나를 거짓말 쟁이로 만드느냐 소리소리
정직함은 이세상 누구보다 내가 제일 잘알아요 착각이라고
착각이 어디있어 하신다. 청은이 말을 했다
물론 중요한 일은 아니지만 대화가 통할수가 없으매 같이
앉아 있기가 겁이 난다. 본인 장애를 가진데다 마음도 여유가없다.
무조건 남편의 의사에 좋아요 옳아요 찬성을 하면 될터인데
지혜롭게 하지못하고 상처받고 아파하며 사는지 내가
한심하다. 참바보.
중요 하지도 않은 일을 가지고 가끔 가끔씩 배속이 뒤잡인다.
땅바기전 기억이 생각이 어젓듯이 반복 수도없이 반복 되는짓이다.
15년 가을 이느날.

항상 자식들이   고맙고 대견하고 자랑스러웠는데
~~것은은~~ 모두에게 ~~미안한 마음뿐이며~~ 어렵고 미안한 마음뿐이다.

물질적으로 넉넉하게 못해주었어도 큰일없이 잘커서 앞가리
잘하며 살아주어서 정말 고맙다.

자상하고 당당한 어머가 되고 싶었는데.
내조 잘 하고 품위있는 아내이고 싶었는데
남편한테 의심받고 억울해서 흐륵숨을치며 소리없이 통곡하고
스스로 해결 못하고 존재감없이 질질 짜고 비틀거리는
꼴만 보며 자식들 한테 창피 하고 미안할 뿐이다

원래 피부가 약해 가려움 때문에 약간 고생스러웠고
조심스럽게 피부를 관리했고.
7.?세에 쓰러지지더니   치매증상이 오더니 마누라
의심병에 걸려 최선을 다 해 바라지 하는 마누라 고생을
어지간이도 시킨다.

병은 다 나쁘지만 병중에 아주 못된 병은 다걸려 얄뜩하게
여편네 부려먹는다~~~~ 는 생각이 들때가 있다.
긁어 줄때 온몸에 약 발라줄때 80이 넘은 나이에 귀여운
아기도 아닌데 ... 커다란 사람벗겨놓고 약 살포 하고 문질러
주고 하다보면 짐거리 처치질때가 있다. 순간적으로 ...
간호사가 환자를 관리 한다는 마음으로 다짐 하자.
부부간이라는 마음으로는 어려울것이다. 왜냐 하면 병이긴 하지만
그렇게 근거없는 의심을 하고 각본을 써대니 정나미 떨어질때가
많다. 아서라 그래도 내가해들여야지. 내가 안하면 자식들 어찌 하라고

맏아들
"내가 안 하면 자식들 어찌하라고…."
무슨 말이 더 필요하랴!

둘째아들
'무조건 남편의 의사에 "좋아요 옳아요" 찬성을 하면 될 터인데 지혜롭게 하지 못하고 상처받고 아파하며 사는지 내가 한심하다' 우리 어머니가 적은 글 속의 한 문장이다. 남편을 남편으로 생각하지 않고 단순한 환자로 대하셨다면 아마도 "당신 말이 다 맞아요"라고 하면서 마음의 갈등을 겪지 않고 조금은 더 편하게 지낼 수 있지 않았을까?

우리 어머니의 마음속에는 항상 판단력과 결단력과 추진력이 뛰어났던 남편의 그림자가 남아 있었던 것 같다. 그렇게 훌륭했던 남편의 정신세계가 오랜 투병 생활에 하나씩 무너지는 것이 너무 슬프고 안타까웠을 것 같다. 그래서 수많은 마음의 갈등과 어려움에도 불구하고 마지막까지 단순한 환자가 아니라 자랑스러웠던 남편으로 대하셨던 것이리라.

아버지는 우리 어머니의 헌신적인 노력으로 천수를 누리셨다. 그것만으로도 이미 '자상하고 당당한 어미'이고 '내조 잘하고 품위 있는 아내'이며 '자랑스럽고 훌륭한 어머니'이시다.

맏딸
뇌졸중은 치매를 동반한다. 우리 아버지도 예외는 아니다. 게다가 바르고 정직하게 사셨다고 늘 당당하시니 자신의 기억력을 철석같이 믿는다. 억울한 이는 엄마다. 자식들과 남들에게는 늘 "고맙다. 반갑다. 괜찮다. 최고다." 예쁘고 좋은 말만 하시고 환대의 웃음으로 대하시지만 다른 사람의 못마땅한 점도 엄마에게 따지신다. 전화만 드려도 "바쁜데 전화해줘서 고맙다."고 인사하시는 분이 엄마에게는 억지부리고 의심하고 사소한 것도 원하는 대로 안 되어 있으면 역정을 내신다. 많은 치매 노인들이 가장 가까운 사람을 힘들게 한다고는 하지만….

놀라운 것은 엄마의 태도이다. 치매로 엉뚱한 소리도 곧 잘하는 아버지를 집안의 어른으로 늘 존중하고 집안의 대소사를 상의하고 결정하게 하신다. 아버지는 언제나 엄마에게 존중받고 사셨다. 어쩌다 견디기 힘들 때 자식들에게 하소연을 하신 후에는 우리들이 아버지에 대한 존경심을 잃을까 또는 본인의 나약함으로 자식들에게 근심을 줄까 걱정하신다. 아버지는 엄마로부터 존중받으셔서 마지막까지 품위를 잃지 않으셨다. 그래서 오랜 뇌졸중 후유증으로 고생하셨지만 치매 진행 정도도 더디셨고 재발도 없어 98수를 누리셨다고 생각한다. '자상하고 당당한 어미, 내조 잘하고 품위 있는 아내'가 되고 싶었던 엄마의 꿈을 자신은 없는 전통적인 가부장제의 잘못된 교육으로 탓하기에는 엄마의 일상이 너무도 존경스럽다. 나이가 들수록 엄마의 가부장제의 틀을 넘어서 사람을 존엄한 존재로 만드는 힘이 느껴진다. 엄마도 아버지에 대한 존중이 엄마 스스로의 품격을 높이는데 일조한 것은 아닐까? 다른 사람에 대한 존중은 나 자신을 위한 것이기도 하니까.…. 타인을 존중하는 일은 나를 존중하는 일이다.

맏사위

차마 읽기가 송구스러운 장모님의 글이다. 장인어른께서는 병들고 정신이 혼미해지는 치매로 인해 자신을 지극 정성으로 보살피는 장모님에게 신체적인 노역과 더불어 그 고운 마음에 슬프고 가슴을 끊는 아픔을 주신 것 같다. 이 모든 치욕과 고역을 스스로 품어 진주로 만들어 내신 장모님에게 우리가 무슨 말을 할 수 있을 것 같지 않다. 그저 놀라울 뿐이다. 장모님의 지혜와 당당함은 이런 아픔 뒤에 생긴 아름답고 고귀한 열매이고 우리가 이를 누리는 것 같다.

작은딸

"수학은 정답이 있지만 사람 사는 일은 정답이 없으니 다 살기 나름이야…."

90세 엄마의 입에서 지혜로운 말씀이 나온다. 그냥 흘려보내기 아까울 만큼 성자의 말씀에 버금간다.

나이가 들어 육신은 오그라들어도 늘 지혜롭고 속 깊고 대화가 통하는 우리 엄마!

그런데 병든 남편과는 대화가 안통하고 자주 상처투성이가 되신다. 자신을 질책하는 남편이 순간 원망스럽기도 할테지만 곧 본인을 책망하신다. 좀더 인내하며 지혜롭게 넘어갈 것을….

내가 어리석었다….

엄마!

엄마의 지독한 인고의 세월이 지금의 엄마의 품격이신가 봅니다.

잘 견뎌주시고 여전히 지혜로우심에 감사합니다.

작은사위

배우자와 자녀는 다른 느낌이다. 배우자는 의무 방어전이라면 자녀는 아가페적 사랑이다. 미워도 다시 한번이 남편에 대한 적절한 표현인가 보다. 약간은 치매 증상에 피부 질환까지 가지고 있는 남편을 뒷바라지해야 하는 어머님의 심정은 어떠했을까?

잘 자라준 자녀들을 보며 마음을 추스르시며 다시 초심으로 돌아가는 지혜로움과 인내심이 존경스럽다.

모든 것이 귀감이 되는 어머님!

나의 스승이시다.

막내아들

절절한 아픔을 느낀다. 지극정성을 다하고, 힘에 부쳐도 버티고 견뎌가며 봉양해 오신 엄마에게 왜 중풍이라는 병마는 아버지께 치매까지 몰고 와서 엄마가 이런 시련을 겪으시게 만든 것인지….

혹시 전생이 있었다면 엄마는 매국노, 아버지는 구국 열사 아니었나 싶다. 아무리 치매라도 자식들 있을 때는 절대 그런 이상한 말씀을 단 한 번도 하신 적이 없음을 알았는데도, "피곤하다 회사 일 바쁘다 약속 있다"며 자주 찾아뵙지 못했던 내가 한심하다.

<망부가>

정말 몰랐읍니다.

모든것이 이렇게 허무 할줄 정말 몰랐읍니다.
아픈고통없이 내 보호 안에서 편안히 보내드릴
마음이었읍니다.
항상 그리 원하시었고요.
너무 빨리 가셨어요. 무엇이 그리 바쁘셨나요?
전날저녁 큰아들이 늦게까지 있다갈때도
그리 쉽게 떠나실줄 정말 몰랐읍니다.
아들이 간뒤로도 뉘케어 잡숫고 ※(액티브 4큰술)
마누라좀 쳐다봐요 했을때 힘이 없는 손으로
내손을 잡아 주던것이 마지막일 줄 몰랐읍니다.
당신 앞에 꾸부리고 잠을 자다 깨었었을때도
편만한 모습으로 숨을 쉬었읍니다.
목이 마를까 싶어서 액티브 3병 작은병 입안에 계피
넣어 드리는데 잘 못삼키심. 턱밑에 손으로
잡고 삼키세요 흔들어 들이면 꿀꺽 삼키시며
3병 잡수셨어요. 겁이 나서 큰아들 한테 전화

빨리 오라 천회 할때도 그리 급하게
가실줄 몰랐어요. 홍삼진액을 병에 넣어 또
목에 넣어 들이니 삼키셨어요

고은 숨을 쉬시더니 갑작이 빨라 지더니 두번
세번만에 딱 끊어짐.

울며 현주한테 전화 하고 정신 가다듬어
뒤저귀를 살펴봐도 대변 똥 하나 없이 소변조금
가재 물에 적셔 입안을 닦아도 따뜻할 금방
잡수신 액티브 홍삼진액 / 방울 없이 숨을
거두셨어요.

꿈만 같은 순간이 없어요

아무생각 없이 장례 치르고 오늘따라 멀리 아래
자식들의
보호 아래 잘 지내고 있으면서도 너무 허무해요.

병 나신지 1996.8.26일이니 만26년 2개월만에
나에 곁을 떠나셨네요
자기 관리 못하고 도박 들여야 하는 당신이 그렇게

큰 기둥인 줄 몰랐네요.
보고 싶고 그립고 너무너무 아쉽습니다.
생각 해 보면 힘든때 많고 억울할 때도
많았는데 잠시 잠시 미울때도 많았는데
병이니 어쩔수 없이 미운마음 잠재우려 불쌍하게
생각하자 라는 예쁜 보자기를 덮어가며 살든세월이
~~하나도~~ 힘들었다고 하나도 생각이 안들고 아쉽기만
합니다.
내가 너무 사랑했던분 너무소중했던분
뇌경색으로 맨진창이 왔을때 할수만 있으면 내몸
일부라도 떼어주고 싶을만큼 안타깝고
중간에 정신 신경병이 와 말도아닌

희로애락의 하루

경노당 식사당번이었다.
휠체어에 남편 모시고 경노당에 드나든것도 2월일일이 마지막이
될줄은 되는것은 아닌지? 나에게 경노당 못다니겠어 말씀하셨다.
2.5일도 못가셨고 설이었었고 2.16일 부터 못가셨다
오늘 경노당 가시자고 권유했지만 도저히 못가시겠다 하신다.
봄이 되면 몸이 부드러워져 나가실 엄두를 내실려나!
함께 휠체어에 모시고 갈려면 힘은 들었어도 그때가 행복
했던것임을 지나고 느끼게 된다.
오늘도 마음이 편치 못하고 불쌍한 생각뿐이다.
고문순과 박경순의 익살스러운 농담과 추억담으로 한마당 웃었더니
우울하던 마음이 다소 가라앉았다. 남을 재미있는 말로 웃기는것도
재주인것 같다.
밭에 호박덩쿨 대충걷었다.
요양보호 테그가 계속 안찍힌다 연락을 했는데도 해결을 안해준다
큰아들 둘째아들 전화좀 해 줄려나 매일 기다려 진다.
너무 귀찮고 피곤해 9시 조금 넘어 잠자리어 들었다
현주는 진주에 두리결혼 상견례차 가고있는 중이란 연락받었다.
요란한 전화 소리에 깜짝 놀라받으니 우리 막둥이 전화.
시간은 11시가 훨신 넘었고 직원들과 술 /잔먹었다면서
엄마 목소리가 듣고싶어서 전화 했단다.
반가웠지만 안쓰럽다. 보잘것 없는 어미를 ---

2016. 2. 19일 밤.

맏아들

'큰아들 둘째아들 전화 좀 해 주려나 매일 기다려진다.'

자주 전화드린다고 하긴 했지만, 무심했던 것 같다. 아버지는 큰아들과의 여행을 참 즐겨하셨는데, 어느 날부터인가 그 좋아하시던 여행을 아무리 권해도 마다하셨다. 경로당을 못 가신 것도 그때쯤이겠지….

꼬부라진 허리로 아버지를 휠체어에 태우고 다니시기가 말할 수 없이 힘드셨겠지만, 그래도 모시고 다니는 것이 훨씬 더 즐거우셨을 게다.

날로 거동이 힘들어지시는 아버지를 안타깝게 보살피시며 힘들어하시는 모습에 속상해 하기만 했지 전화 한 통 더 드리는 배려를 못한 못난 자식이다.

둘째아들

나는 어렸을 때부터 홀로 있었던 시간이 많았다. 말없이 혼자 보내던 시간 속에서 이런저런 공상을 하다 보면 더욱더 말이 없어지고 그래서 더욱더 혼자만의 세계에 몰입하게 되는 악순환의 일상이었다. 그래서 선천적인 성향은 물론 후천적인 영향까지 합해져서 극단적으로 내향적인 성격이 되고 다른 사람과의 관계가 많이 어려웠던 것 같다. 오죽했으면 별명이 '돌부처'였을까?

'큰아들 둘째아들 전화 좀 해 줄려나 매일 기다려진다'라고 하시는 우리 어머니에게 너무 죄송하기만 하다. 무어라 변명할 수도 없어서 '돌부처'라 그렇다고 억지를 부려본다. 그리고 '앞으로는 자주 연락드려야지'라는 다짐으로 스스로의 마음을 달래본다. 〈불효자는 웁니다〉라는 노래가 생각난다.

맏딸

남편이 미국으로 유학가고 2년 반 뒤에 나와 두레도 미국에 가서 살았다. 미국에서 태어난 선아가 두 돌 때쯤 큰오빠 가족이 미국에 와서 워싱톤, 뉴욕 등 몇 도시를 여행하고 큰오빠는 귀국하고 큰올케와 준희, 찬희가 우리 가족과 머물던 중에 아버지가 뇌졸중으로 쓰러지셨다는 소식을 접했다. 마침 큰올케도 귀국하기 전날 소식을 들어 바로 귀국했고 형편상 미국에 머물러야 했던 나는 가슴이 찢어질 듯 아팠다. 늘 건강하시고 부지런하시던 아버지께서 쓰러지시다니 사진으로 거동이 불편해지신 것을 확인할 수 있었고 나중에 한국에 들어와서 오른쪽이 불편하신 아버지를 만났다. 그래도 꼭 정해진 시간에 동네를 한 시간 산책하시고 경로당에 들렀다 오시는 일과를 보내시다가 언젠가부터는 산책은 못하시고 겨우겨우 걸어서 정해진 시간에 경로당에 다녀오셨고, 또 그 이후에는 엄마가 정해진 시간에 휠체어에 아버지를 태우고 경로당을 다니셨고, 언젠가부터 경로당도 못가셨는데, 이 글을 보니 그 날이 2016년 2

월 16일부터임을 알겠다. 엄마의 이런 기록이 정확한 날을 알려준다. 그 후에도 날마다 힘들게 걸어나오셔서 거실의 쇼파 정해진 곳에 꼭 앉아 계셨는데 코로나를 겪으신 후 거실도 못 나오시고 2022년 10월 25일 소천하셨다. 거동이 불편해지실수록 돌보는 엄마의 노고는 이루 말할 수 없이 더해졌고 함께 쇠약해지는 엄마가 힘쓸 일이 많아져 늘 걱정이었다. 엄마의 노고가 끝난 지금 가오동의 꼬불꼬불 울퉁불퉁했던 골목길이 번듯한 아스팔트길로 포장 공사 중이다. 얼마 되지 않은 시간이 흘렀는데 등 굽은 할머니가 힘겹게 남편 태운 휠체어를 밀고 끌고 오가던 좁고 거친 길이 흔적없이 사라졌다. 그 힘든 과정 중에도 경로당 노인들을 경숙이 엄마, 아무개 엄마 대신 이름으로 기억하고 밭을 돌보고 요양보호사 역할을 하고 아들들의 전화를 기다리고 막내아들의 전화를 기억하는 엄마의 기록만 남았다.

맏사위

살아보니 그렇다. 전화를 자주 하는 편이지만, 자식들에게 아무 때나 전화할 수 있는 것은 아니다. 기다리는 것이 좋은 방편이다. 궁금해도 참아야 하고 걱정되어도 때로 참아야 한다.

'큰아들 둘째아들 전화 좀 해주려나.' 이 구절에 참 아프다. 큰딸 전화 받고, 막내아들 전화 받고 안쓰러워하신다. 소식이 귀한 것이다. 때로 사람들 사이에, 가족들 사이에 참 귀한 것이다.

작은딸

여든이 넘어서도 엄마의 일상은 늘 바쁘셨다.

하루 종일 병든 남편 보호자 역할에 경로당 식사 당번에 밭일도 놓칠 수 없는 꽉 찬 하루를 사신다.

거동이 불편하신 아버지를 위해 예순이 넘어 운전면허를 따시고 드라이브를 시켜드리고, 요양보호사 자격증을 따서 전문적 케어를 하시는 엄마!

경로당 식사 당번을 여든이 넘어서까지 왜 하실까?

이제 경로당 나들이만이라도 당당하게 시켜드리기 위해 힘듦을 감수하시는 것이리라.

'반가웠지만 안쓰럽다. 보잘것없는 어미를….'

그 와중에 엄마는 자녀들을 위하는 마음까지 꽉꽉 채우신다.

더 잘해주지 못해 늘 미안해하신다.

이미 인간의 능력 이상치를 발휘하시는 분이시면서 우리에게 과분한 최고의 엄마이시면서 모르시나 보다. 늘 미안해 하신다.

생각만으로도 너무 고마워서 먹먹해지고마는 우리 자녀들의 죄송스런 애정을 모르시나 보다.
그저
그저 고맙습니다.

작은사위

우리네 엄마들은 무적이다. 특히 자녀를 위한 일이라면 물불을 가리지 않는다. 이것이 헌신적 엄마의 일반적 모습이다. 간혹 방향성이 잘못되어 나쁜 결과를 가져오기도 하지만….

어머님의 헌신에는 일반적 엄마 상에서 볼 수 없는 가치를 담고 있다. 편리성의 추구보다 자신의 혼을 담아내고 있다. 본인의 능력 테두리 내에서 스스로 노력하여 해결하려는 노력형이시다.

어머님도 엄마다. 자녀들의 소식을 그리워하고 안타까워하고 미안해 하신다. 아버님이 건강하게 다정다감하셨으면 얼마나 힘이 되셨을까? 그래서 인생은 미완성인가 보다.

막내아들

한국은 내리사랑이라고 했던가?
한없는 부모의 자식사랑은 그 끝이 없는 것 같다. 그 사랑의 참 의미를 자식이 깨닫는 건
대부분 후회/회한과 함께 오는 듯하다.

일생을 가족을 위해 헌신해 오신 엄마지만, 그렇게 힘겹게 버티고 견디고 지켜오셨지만, 쇠락해 가는 아버지의 건강을 도저히 막을 방도는 없음에 그저 안타까움과 애처로운 마음이셨을 뿐….

그래도 엄마는 강한 분이시다. 잠깐의 짬이라도 나면 세상의 밝은 모습을 보고 재충전하고 다시 가족을 위해 헌신해 오신 그런 분이다.

철없는 막내아들이 보고 싶어 전화 드린 것도 못내 안타까워하시는 그런 분….

<둘째며느리의 편지>

존경하옵는 아버님 어머님께

조석으로 기온차가 심한 계절입니다.
아버님 어머님 그동안 몸 건강히 안녕하셨읍니까?
범희와 저는 이번 환절기에 감기에 걸렸읍니다만
앞으로는 점차 괜찮아 지리라 생각합니다.
얼마전 아범의 편지에 까다롭기로 소문난 일본인 선장이
아범을 칭찬하는 전문과 함께 아범의 그 능력을 인정
받아 전례없이 7개월 만에 그 항사로 승진이
되었다는 기쁜 소식을 받았읍니다. 어딜 가더라도 남에게
칭찬받고 능력을 인정 받는 것이 본인 자신이 잘
한 탓도 있겠지만, 그렇게 키워주신 부모님의 덕이
더욱 크다고 느껴, 이렇게 훌륭하게 아범을 키워
주신 아버님 어머님께 다시 한번 존경의 마음을
전하고자 펜을 들었읍니다.
또 한가지 기쁜 소식은 아범이 병역이 끝나는 대로
예정보다 빨리 12월 23일 경에 학교 문제로 귀국
한다고 합니다. 한 달 보름정도 앞 당겨 귀국하는
셈이지요.
또 얼마전 엔 우리가 살고 있던 관사 주인인
일본의 곽선생님에게서 예정보다 빨리 내년 3월에
귀국하겠다고 하는 편지를 받아 내년 1월까진
집을 비워 드리겠다는 답장을 했읍니다.
아범이 귀국하게 되면 적당한 곳에 셋집을 얻어

받아야 할 것 같습니다. 그 동안 공자를 잘 삼았었지
모두 아범이 인덕이 있어서 그런 것 아니겠읍니까?
모든게 참으로 고마웠던 4년이었읍니다.
그 덕에 남의 힘 빌리지 않고 작으나마 셋집을
얻을 수 있게 되었으니까요.
범희와 저는 10월 4일 일요일 오전 9시 30분
2호차 통일호를 예매해 놨읍니다. 짐이 좀 무거울
것 같아 죄송합니다만 큰아가씨가 바쁘지 않다
면 마중천을 꼽어 마중나와 준다면 대단히
고맙게 생각하겠읍니다. 아울러 한가지 더 부탁드
리겠읍니다.
부산에서와 여러가지 일들로 인해 10월 9일엔
내려와야 할 것 같아 웬만하면 10월 9일
오후 3시 30분경 통일호 금연석 (2호차) 차표를 예매
해 주신다면 대단히 고맙겠읍니다.
명절날 예매표는 열흘 전부터 팔기 시작하므로
9월 29일 부터 팔고 있을 것입니다.
항상 건강하고 행복하게 사시기를 바라며
아버님 어머님을 사랑하는 둘째 며느리가
부산에서 큰절 올립니다.
1987. 9. 28.
범희 어미 올림.

자나 깨나 남편 돌봄

> 바른쪽 무릎이 많이 아프다.   17. 5. 7 새벽
> 일어나서 활동하면 다른날처럼 아픈것 잊을수 있을것이다
> 새벽 4시 40분경 잠이 깨었다
> 남편께서는 다른때 같으면 깊은 잠에 들어 계실 시간인데
> 무슨 망상에 빠지셨나? 한숨을 내리 쉬었다 올려쉬었다
> 혀를 찼다 몹시 괴로움에 시달리시는 느낌이 든다.
> 옆에 있기가 민망하고 불안하다.
> 새벽 2시경에 소변 보시고 (항상 정해진 시간)
> 뚜렷한 목소리로 왜 나 혼자만 가라고 해 뚜렷한 목소리
> 말로 외치신다 어디를 갔는데요. 물어도 그대답은 없고
> 똑같은 말을 외치신당

맏아들

몇 해 전 여동생 둘이 어머니를 모시고 1박2일 여행을 떠나 고작 하룻밤 아버지 수발을 든 적이 있다. 잠자리에 드시고 나도 잠이 들고…. 밤새 대여섯 번을 소변 때문에 깨시는데, 거동을 못하시니 그 때마다 일어나 부축해야 했고…. 잠을 자는 둥 마는 둥 피곤해서 죽을 지경이다.

어머니는 할아버지부터 치면 수십 년을 그렇게 사셨으니 가히 초인이 아니고선 할 수 없는 일을 하신 게다.

더 세월이 지나 거동이 불편해지시면 내가 그렇게 할 수 있을까?

둘째아들

　정말 쉴 틈도 없이 남편 뒷바라지를 하셨다. 그 흔적이 이 글에 그대로 남아 있다. 새벽에 깨어 뚜렷한 목소리로 "왜 나 혼자만 가라고 해"라는 말을 반복하는 남편을 보며 얼마나 불안하고 초조한 마음이었을까.

　천수를 누리고 존엄성을 지키며 아버지는 세상을 떠나셨다. '畵龍點睛', 오랜 시간 동안 어머니가 힘들게 해오시던 일에 마지막 방점을 찍은 것이리라. 이제 어머니의 마음속에서 초조와 불안은 사라져야 한다. 아직 완성하지 못한 다른 일들에 도전하셔야 한다. 그래서 '숫자에 불과한 나이'를 이겨내고 언제나 젊고 활기찬 마음으로 새로운 세상을 즐기시기 바란다.

맏딸

　엄마는 늘 현재는 "괜찮다"고 말씀하신다. 하지만 지나고 나서 과거형으로 지난 번에는 이렇게 아팠었다고 말씀하실 때가 있다. 과거형으로만 아픔과 고통을 말씀하시는 이유는 자식들에게 짐이 되지 않기 위해서다. 병원도 혼자서 알아서 가시고 모든 일을 혼자 독립적으로 해오셨다.

　몇 주 전에 모처럼 병원에 모시고 갔다. 밤에는 통증이 있지만 낮에는 괜찮아지는 다리 통증에 대해 의사는 특별한 조치를 취하지 않았다. 노환이시라 신경이 눌려서 그럴 수 있는데 약을 드시는 게 어떨지 모르겠다며 의사가 엄마의 생각을 물었다. 엄마는 약을 먹지 않겠다고 하셨다. 나이가 들어가니 조금씩 밤에 이유없는 통증이 찾아올 때가 있다. 엄마의 통증이 이런 거겠구나. 90세월 조금씩 더 가중되었겠지. 밤새 통증에 시달리고 아침이면 어김없이 본인이 해야 할 일을 해내고 살아오신 거겠지. 나이 들어가며 의리있는 친구처럼 살아야 하는 우리 부부는 자기 통증은 각자 알아서 하고 도움이 필요한 경우에는 요청하는 것으로 정해야겠다. 내 통증도 힘든데 상대 통증까지 세심하게 살피는 엄마같이 사는 것은 포기.

작은딸

　'무릎이 많이 아프다. 일어나서 활동하면 잊을 수 있을 것이다.'

　엄마의 일상이시고 다짐이시다. 본인 몸도 버거운 80 중반에 90 중반의 환자 남편을 돌보는 엄마의 주문이기도 하다.

　활동하면 잊을 수 있을 것이다. 정신력으로 아픔과 고됨을 견디며 그저 자식들에게 짐 안주고 본인의 책임으로 마무리하려는 엄마의 일상은 마법이다.

　하룻밤 사이에도 몇 번씩 잠을 깨는 고단한 병간호였지만 면밀히 아버지를 살피신다. 사소한 잠꼬대도 놓치지 않으시니 엄마의 삶 자체가 마법이고 기적이다.

'나의 작은 신음에도 응답하시는 하나님'을 찬양하며 이 곡을 좋아하는 나는 기독교인이다. 그러나 이러한 세밀한 사랑을 실천해 본건 내 아이들이 갓난이 젖먹이였을 때뿐이었던 것 같다. 마음은 하염 없었지만 하룻밤에도 대여섯 번씩 잠을 깨며 면밀히 살피는 일은 쉽지 않은 일이었다.

그 일을 89세까지 충실히 이행하시고 목표한 인생을 완성으로 점 찍으신 우리 엄마!

그런 엄마에게 해드린 것 없이 받기만 했던 철부지 막내딸, 그래서 아주 미약하지만 다짐하고 실천하는 일이 생겼다. 매일 엄마랑 통화하는 일, 엄마 생일 직접 챙겨드리는 일, 감사한 엄마께 완성으로 점찍고 싶은 나의 다짐이다.

작은사위

사람은 기본적으로 자기중심적이다. 성장하며 인간관계 속에서 이타심을 키워간다. 그러나 이기심을 이타심으로 완전 대체하긴 어렵다. 예수님이나 부처님이면 모를까.

결혼은 이기심에 상처를 주는 인생 첫 관문인 듯하다. 결혼 생활에는 아웅다웅 싸움도 있지만 막장 싸움도 있다. 치열한 중년의 난전을 지나고 나면 미운 정 고운 정 융합되어 후진은 어렵다. 힘이 달리는 노년에는 마음만 앞서지 안타까움으로 바라만 봐야 하는 것이 인생사인가 보다.

어머님을 보며 90 노인이 된 내 자신을 그려본다. 잠결에 집사람의 고통의 신음 소리를 들을 수 있을까? 자신이 없다. 그래도 각오는 해 본다. 어머님이 실천으로 보여준 선물이니….

막내아들

한때 무릎연골 수술을 받으시면 좋겠다고 바란 적이 있다. 직접 말씀드리기도 했고….

어떤 이유에서인지 엄마는 수술을 받을 수 없다고 하셨다.

뼈와 뼈가 직접 부딪치며 찾아오는 고통을 그저 견디실 뿐

인내심으로 점철된 엄마의 인생에 또 하나의 고통을 견뎌내는 게 그저 하루의 루틴처럼 받아들이시는 엄마의 정신력이 놀랍고, 걱정 외엔 아무것도 해드릴 수 없는 나약함에 마음이 아프다.

<병간호 일지>

1.4 오후 4시경부터 기침 잦기 시작 밤까지
     대변도 못봄. 소변도 조금씩밖에 못봄.

1.5 낮이나 밤이나 기침때문에 잠도 못이룸.
     안타까운 심정 금할길 없다.

1.6 그칠줄 모르는 기침 야속할 뿐이다. 답답하다.

1.7 X레이 촬영 밤새도록 기침 새벽에 약 2시간
     정도 주무심. 10시경 화장실에 대소변 보심 4일만
     오늘도 기침은 멈출기세가 아닌데 안타깝기
     짝이 없다.

1.8 어제밤 현주 내외가 다녀갔다.
  금 잠간동안 든든한듯 하더니 애들이 가고난 즉시 시작한
     기침 그칠줄을 모른다.
     5일인지 6일저녁인지 주사를 다시 시작했고
     항생제와 내복약도 바꾸어 가며 애를 쓰는것
     같은데도 별다른 효과가 없는것인지?
     너무 속 상했는데 한밤중부터 진정이 되는듯
     잠을 주무시더니 (가끔 기침을 하시지만)
     오늘은 시간이 갈수록 회수가 줄더니
     오후에는 아주 그쳐버렸다.
     좋으면서도 한편 걱정스럽다. 너무 갑작이
     중단 되는것이… 의사선생님을 믿고 기다리자.

2003-10-680대대7~2 집
     52-387992-1 집
     645204 이애자

2008
12. 29 보훈병원 입원   저녁식사 죽 조금
    30 처음으로 휠치어 타고 화장실 대변 잘보고
        재활 운동시작
    31 대변 정상. 점심식사중 기침 식사 중단.
                      밤 9시 40분 200CC

2009
1. 1   5;   230
       10   대소변   화장실
       5 시경   200
       9 시경   100
       2 뭐 ?

1. 2   새벽   소변
       7시경 화장실에 앉아서 대소변
       저녁식사 조금 밖에 못함.
       밤에 계속 기침.
1. 3   4 시에   소변   200CC
       7   소변   100
       10시경   대소변   화장실
   오후 5.20   소변   170

이혼은 아무나 하나

5 TUE

6 WED ①
5시 15분 쯤 기상
요지음 무엇때문인가
기분이 상쾌 하지 못하고
찝찝하다.
남편 잠 깰까 조심조심
태극기 꺼내 조기로 달고
냉수 1컵 마시고
밭에 나가보니 너무 가뭄
이 심해 앞다 깝답
세수 하고 옷 가라 입는
남편 토우러고 들어와
기다림.
무엇에 기분이 상하셨는
지? 따지기 시작이시기
몇년전에 국가 유공자
문패를 떼어다 무엇 했
느냐고 화를 내어 속상
한 일이 있었다 결국 나가
확인 시켜 들였지만 —

7 THU ②
몇년 전 토립이 시작이시다
무엇때문이 그 문패를
떼였다 결혼 이유가
무엇이냐
자시기 땜문에 이혼하자
했느냐
자식 5남매 다 잘커서
결혼 시켰고 안죽나와
먹고 쓰고 잘 살면서
무엇이 부족 해서
이혼 하자 했느냐?
잠근 대리고 트랜이지만
이혼하자 당신이 한말임
말다 내가 할말인데
국가 유공자 문패를
떼여 있을리 없는데
까 뒤집어 쓰고 산다.
새벽에는 대변
수를 꾈이 하시어

8 FRI ③
6월 아침 그런 트집
한두번 아니지만
꾸려를 잠간 피했다
아침을 준비해 드리니
식사거절 이혼 하자
하신다 잘 생각
하고 하는 소리냐고
물었다 그러자고
대답 했다 돈 내놓으
라 하신다 통장을
달라 하시기에 내렸
다. 도저히 살수가
없으니 이혼 할수밖에
없다. 찬성 위자료
많이 주시오
조금 뒤 아침 가져오라
하시어 대령 가치 먹었
핸일 커피 달라 소리
없음 식사후 통장

9 SAT ④
을 내준다.
받지 않았다
복잡지 않으나
보관 하시오 했더니 얼른 도로 가져가심
나름대로 자식들도 지성이고 기분 상할게
조심 조심 사노더 —— 현시점 화천은 아 하는데
그렇게 지폰도 피여 있는 줄 몰랐다.
7일이 아버지 정기 검진있이라고 목욕시켜
병원 갈 생각으로 큰아들이 왔는데 막
무간 병원 안가신다 떼를 쓰고 하를
내시어 아들은 설득 시키다 그냥갔다.
약은 떨어지고 정신신경과 · · 보건소
검사 에 의해서 연결 된것이라 정기검진
하지 않으면 약을 지어 주지 않음.
아들의 성의를 무시 하는것이 속상하다.

맏아들

그렇게 강단 있었던 아버지가 뇌졸중 이후 오랜 세월에 걸쳐 서서히 무너지신다. 치매 증상이라고만 이해하고 마음을 다독이기엔 어머니의 맘고생이 너무 심하다.

자식이든 누구든 있을 때보다는 두 분만 계셨을 때 증상이 더욱 심하게 나타나기 때문에 어머니 혼자 속앓이 하신 날이 셀 수도 없다. 치매는 이해도 설명도 안 되고 오직 사랑으로 감싸는 길밖에 없는데, 그 게 상상할 수 없을 만큼 힘들다.

위대하신 어머니….

맏딸

엄마가 막내만 장가보내고 나면 이혼하신다고 여러 번 말씀하셨다. 이유는 아버지의 계모인 시어머니가 모함을 많이 해서 억울한 일도 많이 당하고 오랜 세월 동안 모진 시집살이를 겪어도 하늘 같은 우리 남편은 나를 알아주겠지 하고 믿고 살았는데 나이 들면서 "여보 그때 그런 일이 있었잖아요."하고 옛일을 이야기하면 "나는 모르는 일인데? 언제 그런 일이 있었어?"하는 아버지의 대답에 엄마는 깨달았단다. 아버지는 아무것도 기억하지 못할 만큼 엄마의 억울한 상황을 심각하게 여기지 않았다는 것을…. 그래서 배신감에 막내만 장가보내면 이혼하리라 마음 먹으신 게다. 그런데 막내를 장가보내기 전에 아버지가 뇌졸중으로 쓰러지지니 불쌍해서 마음을 바꿔 살아주신 건데 아무것도 모르는 아버지는 겁도 없이 먼저 이혼을 입에 올리셨다. 아니면 이혼 당할까 두려우니까 엄마가 먼저 이혼하자고 한 것으로 망상이 생기신 걸까? 어쨌든 아버지는 이혼 당하지 않고 엄마의 지극정성의 보살핌으로 27년 간의 뇌졸중 후유증으로 불편하셨지만 품위를 유지하고 엄마 품에서 하늘나라로 가셨다. 엄마가 뜻하신 바 중에 못 하신 게 이혼이다.

맏사위

이혼은 아무나 하나
아픈 사람도 쉽게
이혼하지 못한다.
슬프고 외롭고
서럽고 괴로웠던 기억을
가진 사람도
이혼이 쉽지 않다.
장모님처럼 장인어른
곱게 모신 이도

어렵고 절망하면
이혼을 상상했을 수 있지만,
병환으로 혼미해지신
장인으로 두고 어떻게
이혼을 상상이나 해 보셨을까

작은딸

강직하고 밝은 성격의 아버지는 중풍으로 쓰러지신 뒤 오랜 환자 생활이 이어지면서 성격이 변하셨다. 지성껏 간호하시는 엄마에게 변해가는 모습을 드러내셨다. 국가유공자 문패를 왜 떼었느냐고 없는 말로 엄마를 추궁하신다. 모시고 나가 확인시켜드리면 왜 떼었다 붙였느냐 추궁하시고, 생각을 옮겨 왜 이혼하자 했냐고 다시 추궁하신다.

그런데 이혼하자는 그 말을 아버지가 먼저 하신 말이니 속이 뒤집어져도 엄마는 고마울 수밖에 없다. 그리고 자리를 피하시는 엄마 마음이 어떠했을까?

아버지의 무기는 엄마인데 아버지는 연금 통장을 무기라 생각하시고 내놓으라신다. 그러는 와중에 화가 가라앉고 정신이 조금 맑아지면 모든 것을 없었던 일처럼 만들고 싶으신가 보다.

지난 여름 엄마랑 전주 여행을 갔을 때 엄마로부터 포천 살 때의 이야기를 들었다. 포천 일동면에 구멍가게를 하던 집주인네 세들어 살 때인네 사건이 있던 그 닐, 큰오빠를 임신 중이던 엄마가 처음 태동을 느꼈던 날이라고 한다. 군인 가족들이 모여 살던 동네다 보니 그날도 어떤 군인 송별회를 주인집 구멍가게에서 하는데 밤새 술마시고 시끄러웠단다. 자정이 넘어서도 시끄럽자 참다못한 아버지가 나가서 조용히 하라고 하니 취한 사람들이 밖으로 나가서 얘기하자고 했고, 그러자고 따라나서려는 아버지를 그 얌전하던 엄마가 막무가내로 붙들었단다. '주먹이 앞이고 법이 뒤다'라는 말이 당시 유행했기에 불길한 마음에 괜찮다고 갔다 오겠다는 아버지를 완강하게 붙들고 말렸단다.

태동이 처음 있던 그날이란다. 아버지는 엄마 몸상태를 알고 하는 수 없이 나가는 걸 포기하셨단다. 다음 날 아침 주인 아주머니가 뛰어오며 "새댁이 신랑 살렸어요. 큰일 날 뻔했어요." 밖에서 술병을 깨뜨려 들고 몇 명이 대기하고 있었다고 한다. 그 애길 듣고 자존심도 상하고 정이 떨어진 아버지는 이동면으로 이사하셨다고 한다.

사주팔자에 엄마는 아버지 살리는 운세라고 했단다. 그것도 모르고 엄마 덕에 장수하시는 아버지는 병든 몸으로 이혼하자고 하신다.

작은사위

소통과 공감은 관계성을 강화시켜준다. 말이 통하지 않으면 화가 나고 관계에 금이 간다. 그래서 말하기보다 듣기를 잘해야 한다고 한다.

타인과 소통에서 문제가 생기면 외면하면 된다. 그러나 부부간의 불통은 해결이 쉽지 않다. 불통은 오해를 낳고 오해는 의심으로 확대 재생산된다. 아무리 선한 사람도 부부싸움에서는 전사가 된다. 믿음에 대한 배신이 강하게 작용하기 때문일 것이다. 부부싸움 뒤 끝에 밀려오는 낯간지러움은 내일을 함께 살게 하는 힘인가 보다.

긴 병환으로 총기가 흐려지는 아버님을 보며 어머님은 힘드셨을 것이다. 종이와 펜이라는 친구가 있어 그나마 위안을 받았으리라. 인생 중반을 넘어 하산하는 나에게 어머님은 깨우침을 주시는 스승이시다.

막내아들

그러고 보니 언젠가부터 문패가 바뀌어 있었다. 〈국가유공자의 집〉. 목숨을 걸고 지켰던 나라에서 그 헌신적인 노고에 대한 보답으로 내려준 국가유공자 인증.

어려서부터 아버지가 세상에서 가장 힘세고 훌륭한 분이라 믿고 자랐고 아버지는 내게 항상 최고라고 칭찬하셨다. 중풍과 치매라는 몹쓸 병을 앓으시기 전까지의 일이다. 아버지는 아버지 나름대로 과거의 왜곡된 기억에 괴로우셨을 테고 엄마는 곁에서 오해받고 상처를 받으셨을 텐데, 그 괴로움과 상처가 상상도 되지 않는다.

그저 엄마가 행복하셨으면 좋겠다.

이의신청서

주소: 대전은 신탄진읍 석봉리 3가
성명: 崔連夏
상호: 황금당
사업자등록번호: 306-31-8409
개업일시: 1979년 9월 24일
이의신청사유: 세금 재조정 건의

내역

남편이 공무원 퇴역후 몇가지 사업에
실패한바 있어, 이번에는 본인(아내)이
본 사업을 시작한것인데. 초심자로서
지난 2개년동안 가진고초를 다 겪어가며
사업 망친일 없음으로 동분서주 하고 있음이다.
그런데, 사업개시 1개년 만인 1980년
가을부터 지금껏 경기불황으로 더욱이
고전을 거듭하고 있아온데 설상가상격
으로 터무니 없는 세금이 부과 되었기
때문에, 모처럼 안깐힘을 다하여 이룩
해놓은 나의 생애에 처음이자 마지막
인 귀중한 사업이 자리가 잡히기도 전에
무너져야할 기로에 봉착한 것입니다.
아무쪼록 세무당국에서는 다음 몇가지

상항을 충분히 참작하시와 세금으로 인하여 애처롭게 체납되지 않도록, 재조정해 주시길 바랍니다.

아 래

가. 상기한 본인의 현 사업실정
나. 사업장소(신탄진)의 입지조건
다. 본 사업이 종업자로서 짧은 사업기간
라. 사업개시후 최소한의 구색(진열품)분 가족 기뷔하여 구입한 고물(고철)이 팔기도 전에 몽땅 세금으로 부과된점.

별 첩

① 1981년도 1.2.3.4분기 납세 영수증
② 1982년도 ½분기 납세 영수증
③ 1981년도 1.2기(수시)분 영수 고지서 사본
  (고물대장에 의한 고물구입분 1981년도 총액분)   7매

1982년 ㄴ월 24일
                    최 연 하 ㊞

※ 두서없는 글을 용서하시고 끝까지 숙지하시어 좋은 결과 주시길 바랍니다.

동래전 세무서장   귀하
국세청 장   귀하

지켜주어야 할 무거운 존재

> 지켜 주어야 할 무거운 존재
> 마운 소리 너무 자주 할 때는 한 없이 밉다
> 온 몸에 힘이 쭉 빠진다.
> 만사가 다 귀찮다. 죽고 싶다.
> 옛날에는 너무 사랑 했고 존경 했고
> 소중 했던 사람.
> 지금은 나만을 의지하고 사는 멉고 불쌍한 분
> 입장을 바꾸어 보면 한없이 불쌍해서
> 미워도 못하는 사람.
> 아이고 가엾서라 나도 힘 드는데
> 나 어쩌 하라고 ----
>   20년 4월. 어느날 (팬 종이 친구에게)

맏아들

꼬부랑 할머니가 치매 남편 모시기가 얼마나 힘들었을까 상상이나 될까? 아버지는 어머니도 힘이 부치는 노인이라는 것은 안중에도 없는 듯 하루도 거름 없이 경로당을 출퇴근하셨다.

불편한 아버지를 휠체어에 태우고 울퉁불퉁한 언덕길을 오르내리시던 어머니의 그 고단함을 본다고 해서 고스란히 느낄 수나 있을까?

아버지 병이 깊어져 언제부터인가 경로당 가자는 얘기조차 하지 않으실 때, 어머니 몸이야 조금 편해지셨겠지만 마음은 더 아프셨을 듯.

아마도 지금은 하늘나라에 계신 아버지도 고맙고 미안해하실 것이다.

맏딸

아버지가 돌아가시고 슬퍼할 새가 없었다. 갑자기 3월에 앞서가신 시어머니가 가슴 아프게 다가왔다. 아마도 뇌졸중 후유증으로 몸이 불편하셨는데도 집에서 잘 돌봄을 받고 수를 누리고 엄마 품에서 돌아가신 아버지에 비해 너무 오랜 시간 요양원에서 생활하신 시어머니가 막바지에 코로나로 인해 유리창 너머로만 뵌 모습이 마지막이었고 자손들 아무도 임종을 지키지 못한 때문일까? 나도 모르는 이유로 시어머니에 대한 마음 아픔이 가신 3월보다 몇 개월 후에 더 크게 다가왔다. 그러면서 엄마를 잘 돌봐드려야 한다는 강한 의지가 솟았다. 시아버지 가시고 시어머니 혼자 계실 때 잘 지내시려니 하고 소홀했던 게 아닐까? 좀 더 잘 돌보아드렸으면 그렇게 일찍 요양원에 안 가셔도 되지 않았을까? 이런 후회가 많이 밀려왔다. 같은 실수를 반복하지 말아야지 절로 다짐이 된다. 98세까지 사신, 치매로 늘 밥을 찾으시던 할아버지와 뇌졸중으로 몸이 불편한 아버지를 동시에 돌보셨던 엄마는 할아버지가 가시자 망상으로 엉뚱한 의심과 확신으로 괴롭히는 아버지를 돌보아야 했다. 엄마를 위해 아버지를 요양원에 모셨어야 했지만 엄마의 완강한 반대로 그러지 못하면서도 늘 죄송했다. 엄마에게 너무 잔인한 세월이었다. 그리고 아버지가 가신 지금 엄마도 90노인이 되셨다. 다행히 엄마는 굳건하고 총명하고 기품이 있는 어른이시다. 아버지를 돌보신 세월의 담금질이 엄마를 단단하게 해 드린 것일까?

맏사위

사랑했고 존중했던 사람이 미워질 때 우리는 얼마나 힘든 고비를 넘기고 있는 것인가? 너무 무겁지만, 내가 지켜주어야 할 존재에 대한 갈등과 책임감은 어머님이 가지신 돌봄의 부드러운 힘이 없었으면 불가능했을 것이다. 이 힘은 어릴 적부터 자신의 어머니의 차가운 식은 발을 감싸서 따뜻하게 해 드렸다는 장모님의 어린 소녀 시절을 생각나게 한다.

작은딸

'너무 사랑했고 존경했고 소중했던 사람'
고된 일상에서도 엄마를 지탱해주는 큰 힘은 이 문구일 것이다. 나에게도 아버지는 너무 좋아했고 강직했고 밝으신 분이셨다.

대청마루에서 한글을 가르쳐주시며 잘 몰라도 밝은 표정으로 반복해 주시던 아버지. 흔들리는 앞니에 실을 묶어 안심시키며 빼주시던 아버지. TV에서 무서운 수사극이 나올 때 무서워하면 양반다리 속으로 나를 품고 팔로 도닥이시던 아버지. 사춘기

앓이 때 연락도 없이 친구 집에서 외박을 하면 밤새 못 주무시고 다음날 찾으러 오셔서 화를 안 내시던 아버지. 늘 "우리 현선 최고다. 우리 딸 최고다." 하시며 긍정 에너지를 주시던 아버지.

그런 아버지가 90 중반을 넘어서부터는 서서히 기억력이 쇠퇴해지셔서 딸의 이름을 잊으셨다. 자주 찾아뵙지도 못했으면서도 아버지 기억력을 떠올리게 하려고 "아버지 제가 누구에요? 이름이 뭐에요?" 하면 멋쩍고 민망한 표정으로 잠시 망설이시다가 "내 딸이지" 하신다. 가슴이 뭉클하여 말을 멈췄다. 맞아요. 저는 아버지께 '내 딸이지' 입니다.

이런저런 추억에 사무쳐 아버지가 돌아가신 후 3개월여 심한 후유증을 앓았다.

이런 추억들이 엄마에게는 오죽 많으랴. 미울 때가 더 많았겠지만…. 유독 엄마에게는 엄격하셨으니. 그래도 엄마에게 아버지는 지켜주어야 할 무거운 존재였고 엄마는 아주 훌륭히 완수하셨다.

작은사위

나 혼자 할 수 있는 것이 무엇이 있을까? 자신 있게 할 수 있는 것이 없다. 강한 척은 해 왔는데 혼자일 때의 모습은 초라할 뿐이다.

밖에서는 그럭저럭 있는 척, 강한 척, 건강한 척했는데 집에만 오면 여기저기 아프고, 헷갈리고, 힘이 빠지는 것은 믿는 구석이 있어서일 것이다. 그냥 집사람만 쳐다보면 의지가 되고 마음이 풀어진다. 나만 그런지 세상 남자들이 나 그런지 모르겠다. 아내의 자리가 새삼 커 보임은 세월의 탓일까, 아니면 마음이 나약해진 것일까.

아버님에게 어머님의 자리가 이러하지 않았을까. 건강했을 때는 쉽게 내색하지 못하던 마음이 몸이 불편하며 어머님께 의지하는 형태로 나타났을 것이다.

상황이 좋을 때는 누구나 할 수 있지만 그렇지 않은 상황에서 잘한다는 것이 얼마나 어려운 일인지 어머님의 행동은 깨우침을 주신다.

그리운 아버지께 - 큰딸의 편지글

아버지 오늘은 이천 현선이 집에 다녀왔어요. 김장을 한다고 해서 김치통을 들고 김치 가지러 갔지요. 현선이한테 김장 김치 한 통씩 얻어먹은 지 여러 해 되었지만 함께 김장을 하거나 가지러 간 적도 없었는데 아버지 가시고 엄마가 현선이 집에 계시니 가게 되네요. 지난 주 수요일에 엄마를 모시고 가오동을 다녀간 현선이가 저 김치 갖다준다고 또 장거리 운전을 하면 안 될 것 같아 제가 갔어요. 교통체증 때문에 시간이 오래 걸렸어요. 현선이 부부가 가오동 오갈 때마다 이런 교통체증을 겪었겠구나 싶더군요. 도착해서 마무리되는 김장을 거들고 함께 점심 먹고 엄마랑 현선이랑 셋이 두런두런 아버지 이야기도 하고 놀다가 집에 왔어요.

엄마는 입술이 부르트고 눈이 쑥 들어간 게 아버지 보낸 아픔을 삭히고 계시는 게 역력한데도 괜찮다고 하시네요. 현선이는 입 안이 다 헐었다고 하고 큰오빠는 매일 아침 식사 후 "커피 한잔 해야지?" 하시던 아버지 생각에 매일 아침 사진 앞에 커피 한잔 씩 올린다고 하네요. 작은오빠도 병용이도 다들 아버지 가신 슬픔을 겪어내고 있겠지요.

아버지 생각을 많이 하게 돼요. 일제강점기에 태어나 징용, 6.25 전쟁 같은 시대적 아픔에 개인적으로도 6살에 어머니를 잃고, 두 살 터울 동생도 학교 가는 길 불어난 물에 잃고, 계모 구박에 13살 생일에 가출해서 죽을 고비를 넘기시는 등의 말 못할 어려움을 겪은 아버지. 신발가게 점원으로 낮에 일하고 밤에 공부해서 일가를 이룬 아버지, 못 먹어서 키가 크지 못했다고 하셨지만 늘 쾌활하시고 당당하셔서 어린 시절의 고생이 느껴지지 않던 아버지.

꺼져가는 촛불처럼 사그라드는 아버지를 보고 이제 가시는구나 두려움이 확 밀려들 때 "아버지 고맙습니다."를 아버지 귀에 대고 계속 되뇌었는데 아버지 들으셨지요? 그냥 말이 아니라 제가 온 마음을 다해 감사하고 있는 것 알고 계셨지요? 어릴 때 딱 한 번 종아리 맞은 기억이 있지만 한 번도 험한 말 한마디 하시는 일이 없었고 품위를 잃지 않으셨던 대쪽 같던 아버지. 늘 최고라고 격려해주셨던 아버지. 27년이나 뇌졸중 후유증으로 불편하셨는데 늘 "아무 문제 없어." 라고 안심시켜주시던 아버지. 전화라도 드리면 늘 고맙다고 하시던 아버지. 아버지께서 가난과 무지와 어둠의 골을 끊어내시고 새로운 산을 일구신 덕에 이만큼이라도 잘 살고 있어요. 아버지, 신앙도 없으시던 아버지께서는 무슨 힘으로 그렇게 무거운 짐을 이겨내셨나요? 아버지 불편하실까 봐 장례 예배는 못 드렸지만 저는 하나님께 아버지의 영혼을 따뜻하게 감싸달라고 기도해요. 괜찮으시죠?

현선이가 엄마를 위해 정성을 다하고 있어요. 제가 아버지 대신 칭찬해줬어요. "현선이가 효녀다. 현선이 최고!" 늘 아버지께서 하셨던 것처럼요.

아버지 최고십니다. 우리 아버지 최고!

삼식이 삼순이의 여유

춥긴 해도 햇쌀 참 좋다.
아무것도 하지도 않고 밖에도 나가지 않고
남편 옆자리서 TV만 보며 하루를 보냈다
삼식이 삼순이 느긋 제대로 해보았다
하루 종일 꼼작 않고 한자리에서 보내는일 드문일이다.
할 일은 많은데 왜이리 밀려놓고 있는지 모르겠다.
해야 할일 미숫가루 배추처리 ㉧청둥 문병 장사돈댁.
　　　　　　　　　　 시누이 〃 〃 문병 못한체 벌써 상가몰상
　　　　　　　　　　 ㉧퍼리 〃 〃 병원으로

낮에 큰며느리와 전화통화.
밤에 큰아들 한테서 안부전화음.
〃 〃 큰딸과 전화통화.
〃 〃 큰사위와 전화통화.
우리 둘째 아들 어제서 소식이 없나 전화 1통화면 될터인데 보고싶다.
우리 세째 오라버니 걱정이다. 언니의 병수발을 언제까지 해야 하나
　　마지막 가는길에 고통없이 가는 복이 있으면 좋겠다
　 ㉧가족을 괴롭히지 않는 일이 될터이니까.
17. 12. 13 날씨가 맑아 햇빛이 등을 따뜻하게
데어 준다.

맏아들
햇살 좋은 날
아버지와 종일 tv보며 한가롭게 보낸 하루의 느낌….
어머니께서 이런 여유로운 시간을 보내시는 것은 극히 드문 일이다.
그러면 뭐하나
밀린 일 걱정, 혹시나 연락 없는 자식 걱정, 오라버니 걱정….

둘째아들
얼마 전부터 '멍때리기'가 유행이란다. 뉴스에서 〈멍때리기 대회〉가 열렸다는 소식을 전하기도 하고 유튜브를 비롯한 여러 가지 소셜미디어에서는 '멍때리기' 동영상이 인기를 누린다고 한다. 예전에는 '無爲徒食'이라는 사자성어를 배웠고 그래서 그런지 나이 든 우리 머릿속에는 '일하지 않으면 먹을 자격도 없다'라는 인식이 자리를 잡고 있는 것 같다. 그러나 쉼 없이 일만 한다면 오히려 효율이 떨어지고 생산성은 저하된다고 한다. 적당한 '멍때리기'는 피로한 몸과 마음이 휴식할 수 있는 그리고 새롭게 일을 할 수 있도록 재충전하는 귀중한 시간이라고도 한다.

오랜만에 아무 일 하지 않고 세 끼 식사만 하면서 멍하니 티비만 보고 계시는 부모님의 모습이 눈에 선하게 떠오른다. 눈은 티비를 보고 있어도 마음속으로는 다른 생각을 하고 계시는 어머니 모습도 보인다. 마무리 못 하고 남겨놓은 일 걱정도, 산더미 같은 해야 할 일 걱정도 하시지만 억지로라도 '멍때리기'를 하면서 휴식과 재충전의 시간을 보내시지 않았을까 싶다.

이 소중한 우리 어머니의 '멍때리기'를 방해하는 것 중의 하나가 나였나 보다. "우리 둘째아들 어째서 소식이 없나. 보고 싶다"라는 글귀에 죄송스러운 마음을 금할 수 없다.

맏딸
대학교 때 일요일 친구 집에 놀러갔는데 친구의 아버지와 어머니가 나란히 누워서 낮잠을 주무시는 광경을 보았다. 그 모습이 너무 낯설면서 너무도 부러웠다. 그때까지 우리 엄마, 아버지가 그렇게 나란히 누워 낮잠 자는 모습을 본 적이 없기 때문이다. 그 모습이 왜 그리 부럽던지, 그 낮잠 모습이 삶의 여유로 내게는 다가왔었나 보다. 90이 되신 지금도 생산성 있는 일에 의미를 부여하시며 산책하러 나갔다가도 기왕 하는 산책, 밭을 돌보는 게 낫겠다 싶어 가오동 밭을 향해 지하철 버스를 갈아타고 밭으로 향하시는 엄마가 이날은 정말 오랜만에 쉬셨나 보다. 가오동 집에 한껏 들던

햇살이 엄마 등을 따뜻이 비추는 장면이 그림처럼 다가오는 글이 반갑고 정겹다.

맏사위
햇살이 참 좋은 날
삼식이는 TV만 본다.
삼순이는 행복한
밥순이다.
햇빛이 등을 따스하게
비친 날
늙고 쇠약한
장인 장모님 등
나란히 비춘다.
따뜻하고 행복하다.

작은딸
하루 종일 아무것도 하지 않고 멍때리기를 할 때가 나에게도 종종 있다. 힘들 때 이렇게 하면 기운이 회복되는 느낌이다.

그런데 엄마는 몸은 쉬어도 머릿속은 꽤 분주하신 듯하다. 먹거리, 문병과 문상 등 할 일이 산더미처럼 쌓여 있어서 휴식이 휴식일 수 없는 80대 엄마의 일상이 안타깝다.

본인 몸 챙기기도 벅찬 나이에 간병이란 무거운 짐을 오롯이 감당하시면서도 오히려 자녀들을 챙겨주시고 주변까지 꼼꼼하게 배려 깊게 살피시는 엄마의 정신적 역량은 그저 놀라울 뿐이다.

사람이 미울 때나 속상한 일이 있을 때 50대 후반의 철부지 딸은 아직도 가끔 엄마 앞에서 뚜정 부리듯 하소연한다. 그러면 엄마는 "마음을 열고 이해해 보고, 대화해 보고, 그래도 안 될 상황이면 그 상대보다 한 계단 위로 올라서라. 같은 계단에서 맘 상해하지 말고 자신을 높여라"라고 조언하신다.

이 모든 게 참 감사하고 또 감사하다.

작은사위
정년퇴직하고 한동안 방황했다. 매일 출근하다가 갈 곳이 없어진 공황 상태에서 느낀 것이 있다. 퇴직 준비 중 하나로 노는 법을 배워야겠다는 것이다. 놀아도 마음이 허하지 않는 방법을 말이다.

놀면서도 보람을 느끼며 삶의 가치를 느낄 수 있는 방법은 무엇일까? 여행, 독서, 등산, 요리, 악기연주 등등 주변의 권유 사항은 넘쳐난다. 그런데 막상 내가 선택할 수 있는 것은 많지 않다. 준비되지 않은 퇴직자의 자화상이다.

어머님의 휴식 시간은 휴식일 수 없나 보다. 몸은 정지 상태이지만 머릿속은 복잡하시다. 우리 부모 세대의 일상이라 치부하기에는 생각과 배려의 폭이 너무 넓다.

자녀들의 전화 한 통화에서 행복을 느끼시는데 자주 연락드리지 못함이 이내 걸린다. 부산에서 막내가 집에 왔다 가면 마음이 허전함을 스스로 느끼면서 말이다.

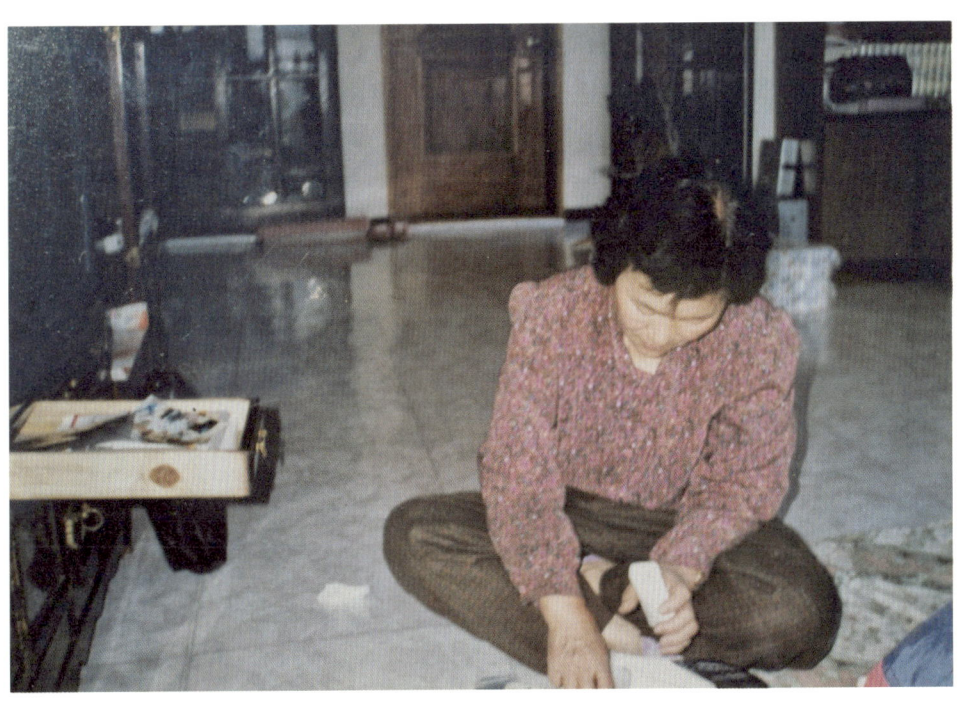

< 막내아들 부대장에게 보낸 편지 >

안녕 하시옵니까.
저는 제 2708부대 2소대 대원 예 병용 어미
최 연하 주부 입니다.
날씨가 포근 하다고는 하시만 역시 겨울입니다.
시위 린압과 방범과 많은 모든 임무를 잘 수행
할수 있도록 지휘 인솔하시느라 얼마나 고충이
크시겠는지요. 한가정에 가장이나 어미 노릇도
힘든 세상이라고 말하고 있읍니다.
별난 성격을 가진 사람도 많겠지요. 제가 갑작이
관팔을 들게 된것은 다름이 아니오라. 오늘 1월16일
에 일가 친척들이 모며 점심 식사를 하고
가족 사진을 찍게 되여 어렵고 곤란하신줄 알면서
고민을 하다가 염치없이 글월을 올리게 되었읍니다.
이유는 2월초 7일 내 작은형 병덕이가 일본유학
을 떠나게 되고 2월 말경에 큰누나 현주가 남편
따라 유학을 떠나게 되고 3년전에 미국 유학중
인 큰매형이 다니러 왔다가 1월19일 면경 떠나게
되어 언제 한자리에 모이기 어렵다는 판단이되어
갑작이 결정이 되었읍니다
병용 아버지 군에서 맨몸으로 제대 하시고
부모님 봉양과 아이들 갈르고 가리키느라고 가족
사진 한번. 늦게 태어난 병용이 어란적 사진한장

없어 서운하였읍니다.
자균은 자식들 다 자라서 형편이 나아졌는데도
좀처럼 한자리에 모여지지를 않는군요.
자식들이 외국으로 뿔뿔이 헤어지니 어미의 회갑
도 못보이게 될것 같다고 이번 생일(당긴날자)
에 보이게 되는것이 오니 넓으신 아량과 이해로
써 해주시기 부탁 들이옵니다.
두서 없는 난필을 주려옵고
소대장님 건강과 가내 평안과 부대 전원에게
행운이 깃들기를 기원 합니다.
　　　　1994. 1월 12일 저녁
　　　　　　　예 병용 어미 올림

※ 늦게 알았읍니다 몇일전 부대서 인사
편지가 왔는데 답장하면서 부탁말씀을
들인적이 있다고 들었읍니다 (병용아버지께서)
거듭 편지를 하게 되어 죄송합니다

결혼 면접

21살에 9살 연상 신랑감을 맞이 하려면
구복이 장성 하고 만사형통 이라는 말을
사주 쟁이가 했다고 30살 된 총각이
어디 있겠느냐고 천상 재취 팔자라고
당사자 처녀는 시집갈 꿈도 안 꾸는데~
그러는 중에 신랑 고모가 같은 동네서
살었다 친정 조카라고 중매가 들어왔다
우리 셋째 오빠가 그말 듣고 무조건
선을 보라 떨어 댄다.
그때 오빠는 군복무 중이었고 서울 육본에 잘 있으면서
제대 시켜 주지 않는다고 불만 중이라
선만 보고 맘에 안들면 포기 하는 조건으로
선을 보게 됐다.
선본 이야기도 들어보지 못하고 연애도 한번 안 해본
나로서는 방법이나 절차는 오빠가 가르처 주랬지
말고 물었다 모른다면서 들은 이야기를 말한다.
선자리 나아가면 남자들도 떨리고 할말이 없어
어물 한다며 물는 대로 대답하라 한다

처음으로 맞선을 보던 생각이 난다.
양가 측 어른들과 몇마디 인사가 끝나고
우리 오빠가 어머니를 모시고 자리를 피해준다
그런데 단 둘만 있는데 하나도 떨리지 않는다
총각이 고개를 숙이며 들으셨겠지만 아무개라
합니다 육군 대위이고 최전배 근무 중입니다

당당하고 위엄있어 보였다
무슨 말씀 먼저 하시란다 시집갈 생각은 간것아니고
오빠의 간곡한 부탁 때문이 였다
할말 없으니 궁금한것 물어 보시라 했다
직장 대한 질문 묻기에 대답했는데

질문 ① 춘향전을 어찌 생각 하느냐 ?
② 현대 여성계를 어찌생각 하느냐?
③ 자유부인을 어찌 생각 하느냐

답 ① 여자로써 춘향처럼 당면한 일이지만 그렇게
   잘 지켰으니 너무 훌륭 했지요
2번답 ② 잘 모르지만 다는 아니지만 너무 고삐 풀린
   망아지 같다는 말을 들은적이 있읍니다
3번답 ③ 사는게 너무 바쁘다 보니 보통 여자들은
   잘 모르겠읍니다.
   여자들 모두가 자유부인 취급 받으강 걱정
   됩니다. 영화를 본것도 아니고

아무렇게 꿰어맞추어 대답 한것이
합격이 였나?
가끔 옛날 생각이 나서 종이 위에
써 보았다.
결혼 생각도 없이 오빠 권유 때문에
선자리 갔다가 빠끌랑 반했나 보다.

잠시후에 중신아비 그쪽 고모가 와서 원하는말
자기네는 좋은데 우리 의사를 물었다
나는 빠지고 어머니와 오빠 결정에 딸여
정혼 되어 67년차 살았다
결혼 생각도 없이 맞선을 보고 정혼까지 하게 된것
팔자라 할까? 연분이 였나?

신랑 그때 1955년 12월 24일 선본날
선보고간 총각 한테서 연락이 없어 셋째오빠
가 부며에 가서 그부모로부터 아직 연락은 없지만
처음 약속 틀림 없다고 기다려 달라는
옥락이 였단다.
평소 생각 신랑감 직업 제일 싫어 하는 직업.
왠지 모르지만
1 경찰관 2 군인 3 그때말로 백정 4 깡패

> 처음 선자리에서 마음이 변했는지?
> ~~결혼 후 1주일 만에 신랑은 전방으로 떠남~~
> 결혼 상대 군인 두번째로 싫어 했는데
> 처음 선자리에서 결정 되어 시집을 갔는지
> 알수가 없다. 선만보는 걸로 ~~약속~~ 맞속 했던 일인데
> 한마디도 싫다는 말을 하지도 않았는지? 못했는지?
> 시부모 따로 ~~살~~ 없지만 공경 잘 했고 시댁 인척 간
> 에 칭찬 받고 자식 5남매 잘 키워주었고
> 거울 같은 신랑한테 신임 받고 사랑받고
> 풍족 하지 않지만 단란하게 잘 살았는데
> 1956. 3. 1 신부집 마당에서 결혼식
> 음력 10월 어느날 갑작이 산림 데려감.

맏아들

어쩌다 마지못해 나간 맞선자리에서 가장 싫어했던 몇몇 직업 중 하나였던 군인에게 꽂혀서 시집가신 어머니.

사람 보는 눈이 있었는지 없었는지….

그렇게 평생을 고생하시며 사셨지만, 늘 어머니껜 자랑스러운 아버지셨다.

둘째아들

「"이제 갑시다" 하고 일어서면서 표시 안 나게 내 키를 보는 것 같더라. 그런 점이 마음에 들었던 것 같아.」

언제였을까? 오래 전(아마도 50년 전쯤)에 우리 어머니가 선을 본 이야기를 하신

적이 있다. 질문과 응답에 대한 자세한 내용은 없었던 것 같고, "처음 볼 때 당당하고 멋있는 사람 같았다"라는 말씀과 함께 "일어서면서 상대방이 무안하지 않도록 표시 안 나게 키를 보는 것이 마음에 들었다"라는 말씀을 흥미진진하게 들었던 기억이 난다.

거기에 더해 질문과 응답 내용을 보게 되니 정말 영화 속의 한 장면인 것 같다. 선을 본 날짜도 1955년 〈크리스마스 이브〉라니 이보다 더한 설정이 어디 있으랴. 스스로 인정하지는 않으시겠지만, 당신께서는 맞선 상대에게 첫눈에 반한 것이 아닐까 싶다. 그래서 두 번째로 싫어하는 '군인'이었지만 결혼을 하게 되지 않았을까? 그리고 거의 70년을 같이 살면서 겪은 숱한 고난을 이겨낼 수 있지 않았을까?

맏딸

작년에 돌아가신 아버지가 그립다. 엄마에게 결혼 전 맞선 보는 자리에서 이런 엉뚱한 질문을 하셨다는 사실을 진작 알았었다면 아버지께 여쭈어보고 싶은 말이 많은데….

아버지는 왜 이런 질문을 하셨을까? 자유부인에 대해 어떻게 생각하나? 등과 같은 질문은 혹시 아버지가 우리가 예상치 못한 시대를 앞서는 페미니스트였을 가능성은 전혀 없었을까? 엄마는 과연 아버지가 원하던 답을 하신 것일까? 그 질문으로만 아내를 결정하고자 하셨을까? 여러 가지 궁금증이 일지만 위와 같은 이야기를 들었을 때는 이미 아버지는 많은 이야기를 잊고 계신 뇌졸중 후유증으로 인해 치매 증상을 동반한 뒤였다. 그래도 여쭈어보긴 했는데 그저 웃기만 하셨다. "난 생각이 안 나는데…." 하시면서. 굉장히 보수적이신 것 같으면서도 자식들에게 종교, 학업, 배우자 선택 등에 대해 한 번도 반대하시거나 자신의 의사를 강요하신 적이 없으신 점에서는 매우 진보적이셨다. 보수와 진보 양면을 보여주셨던 아버지, 엄마의 맞선 이야기를 읽으면서 아버지가 사무치게 보고 싶다.

맏사위

결혼의 풍습, 짝을 맺는 풍습은 시대에 따라 다르고 문화에 따라 다르다. 결혼생활을 연구한 학자들은 연애 결혼과 부모들이 맺어준 결혼(혹은 중매 결혼)을 비교해 보면 결혼생활 행복도에 큰 차이가 없다고 한다. 학자들의 이야기는 평균치이다. 장모님 성정에는 군인, 경찰, 깡패 등의 거친 성격의 직업은 맞지 않으셨을 것 같다. 장모님은 그런 직업의 성정이나 인상을 지닌 군인과 결혼한 것이 아니라 점잖으시고 항상 바르시고 정의롭고 고고했던 장인어른과 결혼하신 것이다.

작은딸

인연은 대단한 힘이 있는가 보다. 평소 생각으로 신랑감 직업 두 번째로 싫었던 군인과 결혼하시다니. 그 어려운 관문(세 가지 질문)을 다 통과하시고 그 가난한 집의 맏며느리로 들어가셔서 기적 같은 삶을 66년 사셨다.

자신이 원하는 이상형의 배우자와 결혼하는 일은 쉽지 않은가 보다. 나도 가녀리고 작은 체구에 응석이 많은 막내딸이다 보니 키 크고 너그럽고 부자인 남자가 이상형이었다. 실제로 그런 조건을 갖춘 사람들이 꽤나 좇아다녔다. 그러나, 지금 같이 사는 남자는 키 작고 고집스럽고 몹시 가난한 남자였다. 그는 나를 끊임없이 성장시키는 사람이다. 감사하다.

나의 어린 시절을 회상해 보면 당당하고 당돌함이 아버지의 DNA를 쏙 빼닮았음을 느낀다. 5살 때 우리 가족은 서울살이를 끝내고 대전으로 이사왔다. 도시에서 살던 뽀얗고 예쁘장한 내 모습이 궁금했던지 아침이면 동네 아이들이 몰려들었다. 나는 대문 앞에 서서 아이들을 일일이 점검하며 더러운 아이는 다시 돌려보내기를 반복하며 모두 통과한 후에야 그 아이들을 마당에 모여놓고 그 앞에서 노래하고 춤추며 스타가 되었다.

동네 어른들이 우리집에 자주 마실을 오며 모이다 보면 알게 모르게 엄마와 외할머니의 맘이 상하는 일도 생기기 마련이다. 그래도 내색하지 않고 관계를 유지하시려는 모습이 어린 내 눈에 포착될 때가 있다. 그러면 단단히 벼르고 있다가 다음에 비슷한 일이 반복되면 나는 기어코 참견하여 타깃이 된 그 아줌마를 민망하게 만들곤 하였다. 참 당당하고 감각이 살아있던 나의 어린 시절은 분명 아버지의 당당함과 자신감이 묻어 있다.

작은사위

1955년도에 30살의 국군 대위. 전후 혼란했던 시기 엘리트라 할 수 있는 장인어른의 모습이 선하다. 당당하게 질문하는 군인 정신이 넘치는 예비 신랑, 싫어하는 직업 2순위 군인을 접하는 예비 신부 장모님. 질문 내용과 답변 내용이 국어 시간 수행평가하는 장면이다.

춘향전과 현대 여성, 자유부인의 비교란 무엇일까? 춘향이의 절개를 기준으로 현대 여성의 문제점, 한 걸음 더 나아가 반대 진영의 자유부인을 등장시킨 질문은 잘 짜여진 각본이다. 장모님의 답변이 현답이다. 춘향이는 본받아야 할 모델이고 현대 여성들의 변화상을 고삐 풀린 망아지로 비판하고 자유부인은 생각해본 적이 없다는 모범 답안을 내신 것이다.

시대적 문화 충돌을 자유롭게 왕래하는 유연한 대화가 맞선 모범 답안이라 할 정도이다. 장인어른의 당당함과 지적 자신감이 넘쳐난다.

막내아들

내가 아는 한 그 옛날 사람들은 얼굴도 모른 채 집안의 결정에 따라 혼례를 치렀다고 배웠다.

한 번도 부모님의 맞선에 대해 들은 바가 없는데, 너무 신기하다. 읽고 또 읽는다.

남편감의 직업으로 두 번째로 별로였던 군인! 백정, 깡패보다 싫었던 그 군인과 결혼하셨다는 대목에서 빵 터졌다. 역시 인연은 따로 있는 것 같다.

맞선 자리에서 아버지의 질문은 무슨 시사프로그램의 사회자가 던지는 화두 같다. 이게 내 부모님의 실화가 아니었다면 그 시대에 이런 건 영화에서나 등장하는 허구라고 믿었을 거다.

갑자기 "우리 병용 최고다"라고 말씀하시던 인자하신 아버지 모습이 너무 보고 싶다. 그립다.

3부

고맙다 미안해 하지 마라

부탁 1

☞ **남편에게**

　　조심스럽게　남편께　말을 꺼냈다.
우리는 이제 살만큼 살았네요.
"나, 당신곁에서 당신 수발 끝까지 해드리고 떠나고
싶은데요　죽음은 아무도 마음대로 못하는것 누구나
다 잘하시피 마음에 준비는 해야겠어요.
　그런데 바라지 않지만 만약 내가먼저 가든지 건강이
지금만 못해져서 당신 수발 못하게 되는 경우 모아져 있는돈
범위내에서 시설로 들어가서 지내시도록 부탁해요
　시대가 좋아져서 좋은 제도가 생겼고 우리 두사람 이름으로
된 예탁금 합치면 적당한 시설도 가셔도 될거에요.
이제 아들도 나이먹어 늙어 가고 목욕탕에서 목욕 시켜
들일때 아들이 헉헉 한다고 말씀 하셨죠!
아들도 환자에요. 절대로 아들 의지 하지마세요
아들네 집으로 가지마세요 조심스럽게 말을 했는데
알았어! 절대로 아들네로 안가!
그런데 그런말이 어디 있어 당신이 나보다 9년이나
덜 먹었는데 내가먼저가야지 나도 원하는 일이에요.
어디까지나 만약이에요. 걱정마 당신 말대로 할게‥‥
어렵게 꺼낸이야기였지만 이렇게 대화를 끝내서 모처럼
기분이 좋았다. 언듯 생각하면 서글픈 이야기이기도 하다.
9.7일1차 시술후 9.21일 2차 시술 해야 볼 진단받고
'5, 11월6일 2차 시술날 예약 해 놓고‥

🖙 자녀들에게

내 몸보다 소중한 5남매에게 부탁 하고 싶은 말 있어
펜을 들었네
항상 마음속에 담어두었던 당부 부탁하고픈 말
자식들 앞에서 아버지와 나 다툴일 없을것이라 생각하고
나 홀로 다짐도 했고 노력도 많이 해 왔다고 생각 하는데
나 한테 반갑지 않지만 한계 왔나? 싶은 생각이 들어 펜을들었네
만약 위에 말한 다툼이 있을때는 절대 그자리에서 내편을
들지 말고 아버지 편을 들어드리기 부탁하네

맏아들
평생을 남편이며 시아버님을 지극 정성으로 모셨으니, 아버지가 병을 얻으신 후에야 오죽했겠는가? 그렇게 거동이 불편하신 아버지와 치매에 걸리신 시아버님을 모시며 나날이 연로해 가시는 어머니의 모습을 보는게 힘들었지만, 아들로서 딱히 큰 힘이 되어드리지 못함에 늘 마음이 아팠다.

할아버지가 돌아가신 후 그런대로 두 분이 오순도순 지내셨지만, 세월이 흐를수록 그러한 시간도 그리 오래 갈 수는 없으리라는 불안감에 많이 힘드셨겠지….

아버지는 늘 큰아들 집으로 가야 한다는 생각이 굳어있었고, 어머니는 고생을 자식에게 되 물림 하는 것은 절대 안된다는 입장이다 보니, 그 일로 종종 다투곤 하셨다. 더구나 어머니가 종양제거 수술을 받으셔야 했으니 혹시 당신이 먼저 잘못될 수도 있다는 고민이 상당하셨을 것이다.

거동이 불편하신 아버지도 힘드셨지만 그래도 어머니의 희생 덕분에 돌아가실 때까지 편히 지내실 수 있었고, 우리 자식들은 이래저래 너무 고생하시는 어머니가 더욱 안쓰럽다 보니 늘 어머니 편이었다.

다행히 소원대로 어머니 품에서 큰 고통 없이 편히 보내드렸지만, 그사이 너무 왜소하게 꼬부랑 할머니가 되어 버린 어머니를 뵈면 마음이 아프다.

이제는 자식들 소원대로 아픈 곳 없이 편하게 오래오래 사세요.

둘째아들
아버지는 많이 보수적이고 가부장적이었던 것 같다. 모든 일의 최종 결정은 당연히 아버지였으며, 가끔 우리 어머니가 다른 의견을 이야기해도 아버지의 큰 소리 한 번이면 모든 것이 정리되곤 했다. 제대하신 후 서울에서 정말 어렵게 생활할 때는 물론 대전으로 이사 올 때, 재향군인회에 사표를 낼 때, 이런저런 사업을 할 때 등등 모든 일이 아버지 중심으로 결정되고 마는 것을 보면서, 그리고 결국 우리 어머니 의견을 들었으면 더 좋았을 텐데 하는 아쉬움을 느끼면서, 나는 앞으로 절대 그러지 말아야 하겠다는 다짐을 했었다.

아버지가 정신적으로도 육체적으로도 점점 쇠약해져 가는 모든 과정을 바로 옆에서 수발하며 몸소 겪으신 우리 어머니의 심적 갈등과 고통을 어찌 말로 표현할 수 있을까. 그리고 이제 한계가 온 것 같다는 어려움 속에서도 "아버지 편을 들어"라고 부탁하시는 그 마음속의 슬픔과 아픔 또한 어찌 이해할 수 있을까.

맏딸
아버지보다 먼저 가시게 될까 늘 걱정하시면서 엄마 손으로 아버지를 먼저 보내길

소원하던 엄마는 마침내 아버지를 엄마의 품에서 편안히 가시도록 마지막까지 보살 피셨다. 그 덕에 보기 드물게 아버지는 사시던 집에서 마지막 수를 누리고 가시는 모습- 거동을 못하시게 되고, 말씀을 못하시게 되고, 시선이 희미해지고, 속을 비우시고, 손에 힘이 빠지고, 식음을 전폐하시고…. -을 보이시며 꺼져가는 촛불처럼 하루가 다르게 힘을 잃으셔서 가시기 3일 전 주말에 5남매 모두의 인사를 받으시고 화요일에 떠나셨다. 엄마의 덕이다.

아버지가 먼저 떠나신 요즘도 가끔 엄마는 부탁하신다. "혹시 내가 거동이 불편해지거나 치매에 걸려 내 의사 표현을 정확하게 하지 못할 상황이 되면 큰딸인 네가 나서서 나를 요양원으로 보내라"고. 아버지 살아계실 때부터 하도 여러 번 부탁하시는 소리라 걱정하지 마시라고 말씀드리곤 한다. 그러면서 마음으로는 제발 남은 생 건강하고 행복하게 사시게 해달라고 간절하게 기도한다. 친정어머니, 시아버지, 남편까지 극진하게 모시고 병수발하시느라 보내신 엄마의 삶이, 시간이 너무나 애처로워서 이제 짐을 내려놓은 엄마의 굽은 허리가, 다리가, 부은 발이 가슴 저리게 아파온다. 이제라도 편안하게, 행복하게, 즐겁게 사시면 좋겠는데 마음 뿐이고 많은 시간을 못 내는 일상이 죄송하기만 하다.

맏사위

우리가 누구나 맞이하게 되는 공통되는 운명은 죽음일 것이다. 유한한 존재인 우리로서 피할 수 없을 것 같다. 하지만, 죽이기는 과정은 우리 각자에게 매우 다르게 다가오고, 그 시간은 장모님 말씀처럼 우리는 알지 못한다.

두 분의 대화를 보면, 죽음을 맞이할 준비를 내심으로 다 하셨고 그 과정을 자식들에게 짐이 되지 않게 하시려는 뜻을 알 수 있다. 장인어른에 대한 애틋한 사랑, 혹시 자식들에게 짐이 되는 부모로 남아 계실까 하여 미리 선택의 길을 제시하시는 배려가 매우 깊다. 그 마음에 가슴이 뭉클하다. 이것은 아프고 깨진 몸을 이끌고 장인어른의 모든 수발을 받아내시며, 지극한 정성으로 모신 우리 장모님만이 할 수 있는 목소리다.

작은딸

"사랑은 언제나 오래 참고 온유하며 인내하며 자랑도 교만도 아니하며,
사랑은 무례하지 아니하고 자기의 유익을 구하지 아니하고 모든 것 감싸주고 참아내며 영원토록 변함없다."

사랑에 대해 잠잠히 써 내려간 이 아름다운 노래는 종교인이든 아니든 공감하고

젖어들게 한다. 그러나 누가 떳떳하게 '나는 이렇게 살고 있다'라고 자부할 수 있겠는가? 자신 없다.
그런데
엄마의 생각과 삶은 이 노래 그대로인 것 같아 가슴이 뭉클하다.
부모에게나, 남편에게나, 자식에게나 희생과 섬김을 몸소 실천하신 엄마의 위대함이 애잔하고 위대하다.
엄마! 감사합니다.

작은사위
"곱고 희던 두 손으로 넥타이를 매어주던 때
어렴풋이 생각나오, 여보 그때를 기억하오
··········
세월은 그렇게 흘러 여기까지 왔는데
인생은 그렇게 흘러 황혼에 기우는데…."

김광석의 〈어느 60대 노부부 이야기〉를 듣는다.
어머님의 심정을 담아낸 글은 가슴 먹먹하다.
어머님의 제안에 동의하신 아버님의 심정은 어떠하였을까?
맏아들에 대한 유교적 올가미에서 벗어나려 심적 갈등이 심했으리라.
"부부싸움을 하거든 아버님 편을 들어라!"
아버님에 대한 끝없는 애중이 넘쳐난다.
현명하신 어머님…
자녀는 부모의 유전자를 50%씩 받는다고 한다.
인체의 신비를 만들어낸 조물주께 감사한다.

막내아들
남편에게는 자녀들을 위한 부탁을, 자녀들에게는 남편을 위한 부탁을,
엄마는 스스로를 위한 부탁을 누구에게도 단 한번도 하신 적이 없는 것 같다.
언제나 남편, 자식들이 최우선이기에…
저물어가는 삶의 끝자락에서 한번쯤은 나 자신이 세상의 중심이고 싶은게 인지상정 아닐까 생각들지만, 도무지 우리 엄마한테는 택도 없는 일인 것 같다.
절절한 아픔과 함께 가족을 향한 절실한 사랑의 마음을 강하게 느끼게 된다.
엄마 항상 건강하세요.

<큰며느리에게 보내는 편지>

사랑하는 큰며느리에게
나는 요지음 행복한 고민속에 빠져 있는것같다.
남이 알면 복에 겨운 행동이라 말 할것.
그런데 이해가 안간다 좋은집에
환경에서 사시라고 돈이던 세간이던 아ㅡ
오셔서 살아보시라 애써주선해 주는티 싫다 하시는
시아버지 옹고집!
그래도 좋은집에 이사시켜 호강시켜들이고 싶어서 애쓰는
큰아들내외! 아들은 그렇다 치고 시아버지 설득 시켜려고
노력 하는 우리며느리 고맙기 그지없다. 인사치례로 끝나도
될것을 --- 나는 어찌해야 좋을지? 그래서 행복한 고민이다.
남편의 편에 서자니 쉽지 않은 며느리 마음을 받지않는것도
미안하고, 며느리편을 들자니 중간에 장애물 없고 마누라는
무조건 당신편이라 태산같이 믿고 사시는 남편이 불쌍하고.
나도 빼젼이라고 조그마치만 친정에서 처음받았을때 너무도
기뻤지. 고마웠었지.
그때도 너희내외가 서둘러 집을 헐고 새로 지어ㅡ
살만한 집이라고 나는 반대 아니 사양 했던ㅡ
그때는 재료도 힘들게 장만했을 터인데 시ㅡㅡ
며출밭에 기어코 집을 지어주어 문화주택에서 지금까지
잘 살고있지 -- 모두가 큰아들내외 덕이지만 며느리가 반대하면
할수 없는 일이라는것. 한번도 잊은적 없단다.

이번에 또 저희들만 좋은집에 사는것이 너무 죄송히 먼저
좋은 아파트로 이사를 하자는 너의뜻을 받아들이자고 맘쓰
들이고 어울리도 않는 애교와 떼를 써 보았지만
응고집이시다.
딸아들 맏며느리 부모생각해서 애쓰고 노력하는
생각 하지 않는다. 너무고맙고 행복하단다.
세상에는 당연한 의무를 하지않고 못된짓과 부모가슴 아프게
하는 자식들이 얼마나 많은데 ---
이편에 목적을 이루려고 애쓰는 마음 잘 아는데
혹시 못 이루더라도 너무 속 상해 하지 말것을 부탁한다.
너희는 우리에게 많이 해 주었어. 이번 어떤뜻대로 혹시
못 되어도 너의가 해준 새집에서 사는기쁨으로 누리며
행복하게 살거야.
해준것 많지만 큰것만 밀거 해볼까?
큰아들 결혼 할때도 예식만 치러주었지. 셋방하락 못
얻어줄 정도로 어려 웠는데.
현주 마지막 등록금이 막막 할때 해결 해 주어서 너무
현섭 등록금 네번이나 대주어서 너무 고마워라 자랑 딸.
병용등록금 8번 전부 해결 해주었는데 나는 걱정이 되어
어멈하고 상의 했냐고 물으면 그럼요 언제나 시택에
하는 일은 흰숯 치지로하며 제안식구 생색을 내서
입장 세워 주는 모습도 예쁘고 부럽고 든든 했단다.

위에 말했지만 집 지어준것 큰일 있을때마다 앞장서서
해결 하던일 하나도 잊지않고 기억하고 있단다.
대충 큰것만 몇거 해 보았는데--- 왠 새삼스러기
할지 모르지만 그간 애써도 너무 고맙다는
(이번 이사 문제 말이야.)
언제나 내옆에는 너희 내외가 있어서 든든하고 행복하단다.
5남매 모두가 바쁘다는 이유로 자주 만나기도 어렵고
이야기 할새는 더욱 어렵구나.
왠지 속없이 이야기가 하고 싶어서 종이 위에 두서없이
적어 보았는데 철자법도 틀리는것 같고 글씨도 점점
엉망이지만 어멈과 이야기 하는 마음으로 보낸다.
읽어주고 이해해 줄것이라는 믿음이 생겨서 부친다
건강해라   2011. 10. 초순
        언제나   고.미.사
      시어미가   심심해서   써 보았음.

아내의 마음, 엄마의 마음

1956. 3. 1 음력 1. 19일 결혼기념일

아침 식사전 어쩌다 남편과 결혼기념일 이야기가 나왔다.
양력 3월 1일 음력 1월 19일이라는 이야기에 남편께서
하시는 말씀 우리가 무슨 1월 19일이라고 해 봄에 결혼했지
무슨 눈보라가 쳤다고 말도 안되는 소리를 해 하신다.
내가 재치가 있는 사람이었더라면 그래도 하고 넘겼으면 됬었을 것을
결혼기념일이라고 한번도 챙겨 보지 못한채 잘 지내 왔으면서.――
결혼 전날새벽 전방에서 집에 올려고 하는데 창문이 눈때문에 열리지 못할
정도로 눈이 쌓였고 또 서울행 버스가 못 간다 해서 군에 해설 하가
눈을 치워 주는 덕분에 버스에 아버님과 두분이 타고 서울에 도착했다
하시지 않았어요. 그때 들었던 이야기를 했더니 아 맞아 그랬어 하고
인정을 하셨다. 뒤늦게나마 생각이 나셨으니 다행스럽다 말했다.
11시 반정도쯤 당신말이야 하신다 이말만 들어도 또 무슨 말인가?
살어 주신 겁이나다 예 무슨 말씀 뭈다 아까~ 3월이라고
말한거 그게 아니고 4월이야 4월 하신다.
그러냐고 대답할 뿐이다 답답 하다.
경로당 식사날 점심먹고 우체국 들려서 병원 들려 집에오니
하루가 훌적.
오랜에작은 아들 한테서 전화가 와서 반가왔다
껫일 있으면 남쪽으로 또 떠났다 가 15년 2월이나 온다는데
모두 합심 하여 건강과 모든 업무 무사히 마치고 돌아오기를 빌자.
나는 항상 미안하다 ※ 역경을 잘 이겨서 고맙고 그저 보고싶고
사랑한다. 남쪽을 아루나 가나! 가문에 영광!

2014. 11. 25 심야에 잠이 안와서.

큰아들이 주선해서 여수로 여행을 떠났다.
몇일전에 일요일 큰계획 없으면 시간 비워 두세요.
큰아들로 부터 전화가 왔다
어디로 바람 쏘이러 가실라고는 말에 고맙기도 하지만 겁도
났다 요지음 뻔질수를 가끔 하였기 때문이다.
어디를 갈려고...
아버지가 너무 거른거리로 힘드시니 바람이라도 쐐어드리게요
말이 별로 없어 무뚝뚝 한사람 같은데 그런말 듣으니 큰아들이
너무 고마웠다
아침에 날씨는 몹시 흐리고 안개가 많이 끼어 심란한 가운데
계획데로 떠나 휴게소에서 점심 먹고
여수에 도착 엑스포 아쿠아 룸? 수족관 구경 너무도
잘 됐고 아들 주선이 아니었으면 그런 구경 생각도 못했을
것이다 행복했다
이순신 대교도 넘어갔다 오고 광양에 생산 공장이 그리
많은줄 생각도 못했다.
순천만에 갈대밭은 너무도 비가 많이 오기 때문 포기 했다.
오랫만에 게장도 맛있게 먹었다 (다른때는 게장 있어도 안먹었음
아마도 큰아들 돈 많이 썼을 것이다.
그런 능력이 있다는것이 고맙고 행복했다
첫째 그런 효심이 더 고마웠다
남편과 나는 차안에 있고 아들 내외만 갈대밭에 돌아옴.
남편께 비상금에 10만원을 꺼내 자동차 기름넣어라며 주신다
고맙고 흐뭇했다.

14. 11. 24

맏아들

"결혼기념일이라고 한 번도 챙겨보지 못한 채 잘 지내왔으면서…."

무심하신 아버지가 평생 기념일을 챙겼을 리가 없고, 언감생심 평생 그걸 기대하셨을 리가 없는 어머니.

"항상 미안하다. 역경을 잘 이겨서 고맙고 그저 보고 싶고 사랑한다."

명석한 둘째 아들이 한 번의 기회를 놓쳤을 때, 너무 어려운 살림살이에 또 한 번 도전의 기회를 주지 못하고 힘든 길을 걷게 하신 안타까움이 늘 어머니 마음 한구석에 자리 잡고 있었을 게다.

부모님과의 여행 중에는 항상 트렁크에 휠체어를 싣고 다녔다.

언젠가 거제도 여행 중 휠체어 없이 외도 관광을 했는데, 장애인을 위한 배려가 전혀 없다보니 아버지를 업고 힘들게 언덕길을 오르내렸던 기억이 난다. 힘들기도 했지만 화가 많이 나 '관광 게시판에 입장료를 쓸어 담으면서 장애인을 위한 배려가 전혀 없는 것'에 항의하는 글을 올리기도 했었는데, 지금은 나아졌을는지….

아무튼 아버지가 여행하는 걸 좋아하셔서 여기저기 많이도 돌아다녔는데, 그것도 힘에 부치셨는지 언젠가부터는 마다하셨고, 돌아가시기 전까지 그 기간이 꽤나 길었다.

지나고 보니 억지로라도 모시고 다닐 걸 하는 후회가 되기도 한다.

둘째아들

결혼기념일이 며칠인지를 놓고 기억이 엇갈려 티격태격하는 어느 노부부의 이야기라고 본다면 참 재미있고 행복한 마음으로 볼 수 있을 것 같다. 조금 다투다가도 "그래요, 당신 말이 맞아요"라고 흘려버리면 마음이라도 편했을 텐데 하는 아쉬움이 남지만, 남편에 대한 사랑과 정성으로 가득한 우리 어머니의 깊은 마음을 어찌 짧은 소견으로 헤아릴 수 있을까. 말미에 적으신 '남극을 아무나 가나!'라는 문장에 눈시울이 뜨거워진다.

맏딸

시아버지께서 시어머니께 옷을 사주시는 모습을 보고 엄마께 아버지한테 받은 선물이 무엇이 있는지 여쭈어본 적이 있다. 결혼하고 나서 첫 생일에 전방 오지에 살던 아버지는 서울에 다녀오신다고 하더니 빨간 홍옥사과 10개와 지금도 눈에 선한 겉은 파아란 색에 속은 노란 지금도 눈에 선명하게 예쁜 신발과 지금도 가끔 사용하시는 스카프를 사오셨단다. 엄마는 그 물건들 하나하나가 눈앞에 있는 듯 자세하게 설명하시는데 듣는 사람에게는 그 물건들이 천상의 것처럼 멋지고 귀하게 그려졌다. 그

것이 처음이자 마지막 선물이었다. 그 뒤로는 재봉틀, 양산, 핸드백을 사달라고 졸라도 꿈쩍도 않으셨단다. 내가 어릴 적 아버지와 둘이 부여 할아버지 댁에 다녀오는 길에 양산가게 앞에서 엄마 양산 사가지고 가자고 떼를 썼다는데 그때도 안 사셨다고 전해 들었단다. 엄마는 아마도 부여 할아버지 댁에 가서 있는 돈을 모두 드리고 왔으니 아무리 졸라도 돈이 없으셨을 것이라고 했다. 평생 아버지로부터 선물을 단 한 번 받은 엄마는 그래도 선물 못 받은 것에 대한 서운함을 표현하지 않으셨다. 결혼기념일도 아버지께서 살갑게 챙기신 일이 없으리라 짐작된다. 게다가 편찮으셔서 기억력도 오락가락하실 때니 더욱 그러셨겠지만 제설차를 앞세우고 오셨을 신랑 아버지와 그런 아버지를 기다렸을 신부 엄마의 결혼식을 상상해본다. 흑백사진으로 남은 전통 혼례를 올리신 두 분의 사진이 떠오른다. 선남선녀였던 두 분의 청춘이 애틋하게 다가온다. 청춘의 두 분은 어떤 결혼생활을 꿈꾸셨을까? 마냥 존경스럽기만 했던 결혼 초기의 엄마와 어린 시절 엄마를 잃고 13살에 가출한 뒤로 처음 가정을 꾸려 따뜻하고 지극정성의 보필을 받게 되신 아버지의 신혼 생활도 그림처럼 다가온다. 엄마의 따뜻하고 정성스런 삶이 지금까지도 지속되는 것이 기적처럼 여겨진다. 감사하다.

맏사위

장인어른이 편찮으신 이후 얼마나 어려운 날들이, 혼자 참고 견디면 살아온 날들이 밤잠을 설치고 괴롭고 마음이 아픈 날들이 많으셨을까? 야심한 밤-아픈 가슴을 기록하는 글에 그 아픔이 만든 눈물로 그린 그림들이 보인다.

"당신 말이야" 하고 말을 걸면 겁이 난다는 장모님의 글을 읽고 그 여린 마음씨가 견디어 내고 진주 같은 삶을 만들어 내신 조용하고 찬찬하고 내밀한 마음의 힘을 느낀다. 혹 내가 아내에게 겁이 나게 말하는 것은 없는지 되돌아보게 된다.

자신을 넘어 남편을 보살피고, 자식들의 삶을 보듬어 보신다. 어쩌다 좋은 소식이라도 좋은 선물을 받으시면 참으로 귀하게 여기신다. 더 이상 장모님에게 어떤 아픔이나 상처나 고민이 없으셨으면 좋겠다.

작은딸

'나는 항상 미안하다. 역경을 잘 이겨줘서 고맙고 그저 보고 싶다. 사랑한다'
'남극은 아무나 가나'
'무뚝뚝한 사람 같은데…. 너무 고마웠다.
큰아들 돈 많이 썼을 것이다. 그런 능력이 있다는 것이 고맙고….
그런 효심이 더 고마웠다.'

엄마의 마음이, 사랑이 뭉클하게 느껴졌다.
엄마가 되어보니 엄마 마음이 온전히 스며든다.

작은사위
군인의 아내가 되어 전방에서 신혼살림을 하시는 모습이 그려진다. 지금은 휴전선 턱밑까지 버스가 다니지만 당시의 상황은 얼마나 열악했을까? 양력과 음력의 차이가 아버님을 당황스럽게 만들었나 보다. 그래도 성격 곧은 아버님께서 인정하심은 어머님의 기억력이었으니 시대가 알아보지 못한 아까운 인재였음은 틀림없다.

남극으로 떠나는 작은아들에 대한 애정과 여수 여행을 주선하신 큰아들에 대한 고마움이 묻어난다. 휠체어를 타시는 아버님을 모시고 여행을 주선하신 큰처남님 내외가 존경스럽다. 고마움의 표시로 차 기름값으로 10만 원을 주신 아버님의 마음은 흐뭇했으리라.

아내로 살기와 엄마로 살기의 진심이 묻어난다. 결혼기념일은 항상 당황스럽다. 잊기도 하지만 막상 무엇을 해야 하는지 머뭇거려진다. 그렇다고 아버님처럼 카리스마가 있는 것도 아니고…. 기념일 노이로제라 할까.

막내아들
사람이 나이가 들면 남자는 기가 쇠해져서 아내로부터 평생 누려온 권력과 권위가 역전된다는 얘기를 많이 들었다. 역시 우리 엄마에게는 전혀 해당되지 않는 말이다.

엄마에게는 아버지가 어떤 상황에서든 귀하고 존경하는 남편, 그 자체인 것 같다. 아마도 아버지는 전생에 나라를 구하셨음이 틀림없다는 생각이 든다.

내가 늦둥이 막내이다 보니 그래도 엄마와 자주 대화를 나눌 수 있었는데, 비슷한 듯 개성이 다른 오남매에 대한 애틋한 사랑과 안타까운 마음을 말씀하시곤 하셨다.

평생 사랑을 다해 키워주셨는데도 뭐가 그리 안타까울 수 있는 것인지….

엄마의 사랑은 마르지 않은 화수분 그 자체다.

자녀 별명 짓기

> 별명을 지어보았다.
> 내 목숨같이 소중한 우리 내자식 5남매에게
> 큰아들 現이는 기린 --- 목을 길게 늘여 주변 살펴 주는 형상.
> 둘째아들 덕이는 경주마 --- 열심히 훈련되어 시합을 대기하는 준비된
> 큰딸 현주는 해바라기꽃 --- 쭉쭉 잘아서 키작은 꽃들이 부러워함.
> 둘째딸 현선은 장미꽃 --- 예쁘지만 까시가 무서워 아무도 함부로 못함
> 막내 아들 용 애완견 --- 누구나 예뻐하는 호강스러운 재롱둥이

맏아들

어머니 바램대로 우리 5남매는 잘 자랐다.

엄청 윤택하진 않지만 각자의 자리에서 최선을 다해왔고, 이젠 모두 화목한 가정을 꾸리고 잘 살고 있을 뿐만 아니라, 무엇보다도 효심이 가득하다.

나는 기린처럼 우아하고 앞을 내다보는 혜안을 갖지는 못했지만, 노력한 것에 비해 편안하게 이루며 살아왔으니 아주 조금은 기린답게 산 것 같기도 하다.

둘째아들

우리 어머니가 우리의 별명을 적어 놓으셨다. 아들딸의 특징을 잘 나타낸 별명을 보면서 새삼 우리 어머니의 재치와 문학적 소양에 놀란다. 바쁘고 힘든 인생을 견딜 수 있었던 또 하나의 버팀목이 바로 이런 재치가 아니었을까?

나는 '경주마'다. 배를 타고 유학을 다녀오고 수도 없이 외국 출장을 다니는 둘째의 모습에서 '훈련된 경주마'를 보셨나 보다. 그리고 마음에 여유도 없이 '시합을 대기하는' 모습도 보셨나 보다. 짧은 별명에도 자식에 대한 사랑과 자랑과 걱정이 느껴진다.

맏딸
　엄마가 우리 남매들의 별명을 지으신 것을 보니 절로 웃음이 난다. 언제 이런 시간이 있으셨나? 이런 여유가 있으셨나? 엄마의 여유가 반갑기만 하다. 한 번도 생각 못한 해바라기가 엄마가 지어주신 나의 별명이라니 다시 생각해 보게 된다. 죽죽 자라서 키 작은 꽃들이 부러워하는 해바라기…. 아마 어렸을 때 일찍 키가 쑥 자라서 여자가 너무 클까 걱정하셨다고 하더니 그래서 해바라기를 생각하셨나? 나는 햇님을 따라 고개를 돌린다는 해바라기를 지향을 잘 잡고 살아간다는 의미에서 받아들이고 싶다. 살아보니 삶의 지향을 잘 잡고 가는 일이 얼마나 중요한지 느끼고 있다. 열심히만 살면 잘 못 길을 들어서 엉뚱한 곳에 다다르는 경우가 많으니 해바라기처럼 나의 햇님을 잘 정해서 놓치지 말아야겠다.

맏사위
　해바라기, 두레와 선아 엄마에게 장모님이 붙여주신 아름다운 별칭이다. 요즘 영어로 닉네임이라 부른 것을 장모님은 자식들을 위해 오래전에 붙여주신 것 같다.
　해바라기를 바라보면, 우리 두레가 생각난다. 처자식과 떨어져 홀로 미국에서 공부하던 시절, 방학 때 왔다가 미국으로 돌아가기 전날 밤 두레는 밤새 울었다. 우는 두레를 달래려 안고 밖에 나가니 동네 공터 밭에 해바라기가 가로등 불빛에 빛났다. 밤을 새우고 두레를 내려놓고 비행기를 타러 서울로 가는 길에 바람에 흔들리는 해바라기와 두레가 겹치는 그림이 내 눈앞에서 어른거렸다.
　이 꽃처럼 아름다우면서 다른 사람들을 환하게 맞이하는 장모님의 큰 따님은 지금도 남들을 따뜻하게 환대하는 사람이다. 친구들이 많다.

작은딸
소중한 내 새끼….
여든이 넘은 엄마의 눈에 꿀이 떨어지는 우리는 엄마의 소중한 새끼들이다.
기린
경주마
해바라기
장미
애완견
우리 오남매는 엄마 품의 새끼들이다.

작은사위

세상에 이런 센스있는 엄마가 있을까?

자식 사랑은 원초적 본능이라 한다. 그런데 그 사랑을 쉽게 표현하기는 어렵다. 또한 엇나간 모정으로 자녀에게 짐을 지우는 경우도 있다.

이 글을 쓰며 어머님은 많은 고민과 희망 사항을 마음속으로 나열했을 것이다.

자녀들의 서열별 의미를 잘 담고 있는 별명이다.

장미는 가시가 있어 아름답다고 했던가? 가시를 무서워하는 자 장미를 얻지 못한다.

장미 한 송이 내 인생을 바꿨다….

막내아들

나는 엄마에게 자식들 별명을 지었다는 말씀을 한번도 들어보지 못했다.

이 글을 언제 쓰신 것인지 잘 모르겠으나, 엄마의 바쁘고 고된 삶속에서 잠시나마 여유를 찾으신 적이 있다는 게 신기하고 그런 짬을 그저 넋 놓고 보내시지 않고 자식들을 생각하시며 각자의 개성에 딱 맞는 사랑스런 별명을 지어주신 게 너무 감사하고 신기하다. 엄마의 애완견이 자주 찾아뵙고 어리광 많이 부릴게요

<맏딸에게 보내는 편지>

사랑하는 두레야

외할머니가 예쁘게 옷을 만들어 줄 생각이였는데
너무너무 바빠서 그냥 샀단다
많이 예쁘지 않어도 그냥 입어라 옷이 크거든 두었다
입고 응 너무 큰 옷을 입고 다니면 바보같이 보이니까
알았지 두레 안녕..

모처럼 펜을 들었더니 무슨 말을 써야 할지
하나도 생각이 나지 않는구나.

순풍에 돛단배처럼 마음 먹은대로만 잘나가
다면 무엇이 어렵고 힘이 들겠니?
모든것이 생각보다 어려움이 많을줄 알지만
나는 너를 믿는다 어렵다 해서 자주 끙부려 주위사람
불편하게할 내 딸이 아니라는 것을 나는 잘안다
부디 착한 장서방 많이 도와주어라 물론 정신적인
말이다 경제적인 문제로 힘이 들겠지만 서로 사랑하는
마음만 있다면 큰어려움도 이겨낼수 있다고 믿는
전날에는 돈이 전부가 아니라고 생각했는데

요지는 와서는 가끔 돈좀 모아 놓지 못한것이
가끔 후회 아쉬움을 느낄때가 많다
전에도 쓸쓸 사업관계로 아빠지가 너무 어려워 할때
는 그런 심정이었었지만 모아둔 재산이 있다면
부산 작은올케도좀 도와주면 좋을터인데 —
엄마가 되어 가지고 속수무책으로 바라만 보아야
하는 입장이 안타깝구나. 무던히 해야한다
그것이 첫째 서로 돕는 것이라는 것을 명심하여라
너의 큰댁에도 기쁨으로라도 잘해야한다
두레 신발은 마음에 안들지 모르겠구요도 그렇고
분홍색 드레스식으로 된 원피스가 마음에 들었는데
값이 너무 비싸고, 여름에 덥고 실용적이 못될것같아
고르다가 삼베 석세 고른다는 말이 생각나드구나
반바지와 런닝으로 된것은 한지라는 아기 주고 싶으면
네가 주어라 직접 줄려다가 뺑산이것은 준비못해
서 벽찬 그에게 미안해서 이다. 또 마음에 안드를지도
모르고 나는 옷은 살줄을 몰라서 그랬단다 시대가
굉장히 변하기도 했지만 너희들 키울때는 첫애기는
내가 예쁘게 만들어서 입혔고 나중에는
헐벗기다 싶이 하다 어쩌다 싸구려 라도 닥치

만- 들어가면 좋아서 어쩔줄을 몰라하며
좋아하든 모습들이 눈에 엊그제 일처럼 생각
이 생생하구나. 서울에서 살던 생각 대학다닐때
잘 지내던 생각을 해서 처음은 어려움을 이겨내도
채울낙 랑함을 되살려
힘차게 살어라. 착한 장서방과 토끼같어 여쁜딸(두러)
가 있지 않니! 한없이 걱정이 다가와도 그곳도 사람
사는 곳인데 어찌 되겠지 하고 믿을수 밖에 별도리가
없구나. 8월 언제쯤 장서방 시험을 보게되고
해산 예정일은 몇일쯤 되는지?

김밥집 3층중 너의 큰댁에 한돗 들려라.
저번 라 그리고 당우있으면 편지로 하고 큰오빠네로 연락
해서 엄마 아버지 한테 안복 전하라고 하여라.
지난번 편지를 읽기도 전에 잃어버렸단다
착한 작은오빠는 고린감라라는 말을 잘 썼었지
부디 장서방을 비롯해서 너의 모녀 건강하기를 다시한번
1995. 6. 26 대전에서 어머가 쓰
부탁한라

불타는 지적 욕구

2011. 11. 24

여행을 많이 다녀 보지 못했지만 지금보다 젊을때 몇번의 여행 경험예을 의하면 추억해 본다
짧은 시일에 여행을 경험하고 책을 내었나! 깜짝 놀랐네 다.
아마도 직접 여행을 다녔었어도 가이드 딸어서 다니며 그때만 고개 끄덕끄덕 하다 돌아오면 다 잊어먹었을것이 뻔하다. 공부 많이 한사람과 못한 차이가 크다.
쿠바 ~ 우리와 아주멀고 상관없는 사람들 인줄 알았었네
이 책을 보고 문화 풍습이 다를뿐 우리와 같은 사람이란 생각이고 인정이 느껴진다.
소박한 민족인것 같고 헛 욕심을 덜 부리는것 같아 정이간다
하도 여러날 걸려 책을 읽어서 헷갈리는것도 많지만
쿠바를 알게 하고 정을 느끼게 됐고 TV에서 쿠바 소리만 나오면 귀가 쫑긋 관심이 간다.
이 책을 읽기 전엔 말도 안통하는 나라에 뭣 비러 여행 가나 싶었다. 물론 책을 구해서 읽지는 않았을것이다
사위(김 중연)의 짧은 여행기라 읽어 보배 주었기에 읽다보니
쿠바를 알게되고 쿠바에 직접 다녀온것 보다 훨신 유익하다.
이 마음 조금이라도 얼마나 머리 속에 간직 될지 모르지만 ---
미국과 관계 사이가 좋지 못했었다는 것
소박한 나라라는것
허세를 안부린다는것 많이 알게 되었다
공산화 주의 라는것 체계 체험
건강 하던 사람이 타국에서 불면증에 고생을 했다니 안터깝다
오히려 그나라의 의료제도를 경험 했으니 알찬 공부가 아닌가 싶기도

양비론은 경계해야함 — 이나라가 이렇게 문제가 있으니 우리나라에
문제가 있는것은 당연하다는 논리 옳은 일인지 그른일인지도 생각분간 하지않고
양시론 내가 제일 평소 싫어 하는 논리이다 이책에서 배운 양비론이라
어쩔수없이 는 단어이다 문제가 되는 줄 알면서도 어쩌지 못하는 입장도 보게된다
그런데 생각없이 그것이 표본인양 따라가는 것을 너무 많이뿐아, 보고있다
너무 가슴 아픈일이 됐 었다. 배웠다는 사람들의 그런모습 더욱 안타깝다.
                              어느덧 새끼기들은 그러지 받기를 —
마음 아파 하면서 살타보니 80 중반을 넘게 되니 정신도 너무 없고
                 는데
판단력 더욱 없고 흐리멍텅한 내가 책을 받게 되어 깜짝
반가웠지만 너무 어렵고 엄두가 나지 않었는데
아직 어른 대접을 받곳았다는 생각으로 읽기 시작 쿠바는 우리와
무슨 상관 내가 여행을 갈것도 아닌데 읽었지
간신이 읽는데 너무 어리워 머리 속에 들어 오는게 하나도 없어서
시험 공부 하는 것처럼 쪽지에 메모 하면서 읽다보니 아무 재미를
느끼게 되다 김종연 야무진 사위인줄 알았지만 차츰 갔든
사람으로누가 라이타들이라고 이름별명 참 잘 지었 다
마음 맞는 친구들이 있어 너무도 미덥고 보기 좋다 부럽다.
끝 책장을 넘길수록 내가 좋아 하는 생각과 마음 들이다.
기회 닿는데로 다시 읽어 볼 생각이다.
여행을 잘 다니는 사람들 이면 이 책을 한번 읽어 보고파면
참 좋겠다는 생각이다.

橫不十年
少株密植

맏아들
난 매제의 쿠바 답사기를 끝까지 읽지 못했다. 별 재미가 없어서….
대단하신 어머니는 그 재미없는 글을 공부하듯이 다 읽고 사위에게 독후감을 선물하셨다.
딸과 사위에 대한 사랑이 이보다 더할 수 있을까?
어머니가 배움의 기회를 제대로 가지셨다면 어떤 분이 되셨을까? 안타깝다.
그 끊임없는 탐구 정신을 닮지 못해 부끄러울 따름이다.

맏며느리
평소에 어머님이 글 쓰시는 것을 자주 접하곤 했지만 이번에 〈쿠바 여행기〉 독후감을 보고 너무 놀랐습니다. 특별한 재주를 가지셨고 너무나 총명하시고 누구보다 귀감이 되심을….
독후감을 복사해 주위 사람들에게 자랑을 했고, 글을 본 지인들이 "이렇게 훌륭한 분의 글을 사장시키면 큰 손실이다." 자손들에게 귀감이 될 거라며 출간을 권유했습니다.
며느리로서 어머님을 바라보면 훌륭하시다는 말만으로는 너무도 부족합니다.

둘째아들
'아직 어른 대접을 받고 있다는 생각으로 읽기 시작'한 책을 시험공부 하는 것처럼 메모하면서 때로는 앞뒤로 왔다 갔다 하면서 한 글자 한 글자 읽으셨을 우리 어머니의 모습이 눈에 선하다. 둘째 사위와 그 친구들의 단순한 여행기로 알고 받은 책이지만 그 안에서 쿠바의 현실을 직시함은 물론 이를 타산지석으로 삼아 우리가 경계해야 할 점까지 적으신 것을 보면 "과연!"이라는 감탄사가 나오지 않을 수 없다.
'마음 맞는 친구들이 있어 너무도 미덥고 보기 좋다. 부럽다.'라는 문장 속에서 사위에 대한 사랑과 함께 자유롭지 못한 당신의 현실을 안타까워하는 마음이 느껴진다. 아버지가 돌아가신 이제는 하고 싶은 일을 하면서 하루하루를 즐겁게 보내시기를 바란다.
둘째 사위의 별명이 '라이타돌'이라는 것을 알게 된 것은 우리 어머니의 글을 읽으면서 가외로 얻게 된 소득이라고나 할까. 정말 잘 지은 별명인 것 같다.

맏딸
〈쿠바 팔불출 지리쌤들의 눈으로 보기〉가 둘째사위 김종연 지리선생님이 친구 7명과 함께 쿠바를 여행하고 쓴 책 제목이다. 이 책이 나오자마자 나도 한 권 받았지만 제부가 쓴 글 외에는 읽지 못하였다. 여러 가지 핑계는 있는데 어쨌는 아직까지 숙제다. 그런데 80이 넘은 장모는 받자마자 열심히 읽으시고 독후감을 써서 사위에게 편지로 보냈다. 동생이 혼자 보기 아까워 우리 남매 단톡에 올렸고 우리도 우리끼리 보기 아까워 가까운 지인에게 보여주니 다들 놀란다. 위의 글은 그 독후감을 쓰시기 전에 연습하신 글인 듯하다. 신경숙의 소설 〈엄마를 부탁해〉, 전희식의 치매엄마를 돌보며 쓴 수필 〈똥꽃〉 등 가끔 갖다드리면 열심히 책을 읽으시고 올 봄에 여행을 다녀보니 대학 나온 자식들보다 지적 욕구가 왕성하심을 확인할 수 있었다. 식물원의 식물 이름도 일본어로 읽으시고 가는 곳마다 설명 문구를 꼼꼼히 살피셨다. 나도 귀찮아 안 읽는데…. 그래서 여전히 90이 되셔도 정신이 맑으신가 보다.

맏사위

글의 마지막에 "여행을 잘 다니는 사람들이면 이 책을 한번 읽어보고 가면 좋겠다." 둘째사위의 쿠바 여행기의 장모님의 추천사다. 몸이 불편하신 장인어른을 모시고 집안일과 텃밭일을 하시는 와중에도 사위 김종연의 여행기를 꼼꼼하게 읽으시고 쿠바 세계에 대한 견문의 폭을 익히신다. 사위의 정성이 묻어난 여행기에 푹 빠져 안경을 쓰고 글을 읽는 허리 굽혀 한 자 한 자 읽어가시면서 먼 나라의 풍습과 사람들 살이를 살피시는 그 모습이 그려진다.

작은딸

양비론(兩非論) : 서로 충돌하는 두 의견이 모두 틀렸다고 주장하는 이론
양시론(兩是論) : 서로 충돌하는 두 의견이 모두 옳다고 주장하는 이론

대학 친구들과 쿠바 여행을 다녀온 막내사위가 여행기 책을 출판하게 되자 엄마는 독후감 형식의 편지를 써서 막내 사위에게 큰 감동을 선물하였다.
이 글은 그 독후감 편지의 원본임 셈이다. 참 진솔하시고 겸손한 유능함과 가치가 숨쉬고 있음을 느낀다.
이 글을 쓰실 때가 85세 무렵인데 양비론, 양시론이 적혀있어 깜짝 놀랐다. 90세인 지금도 TV 프로그램 〈더 라이브〉와 〈우리말 달인〉을 즐겨 보시는 우리 엄마!
엄마가 자랑스럽다. 고맙습니다.

작은사위

2016년 대학 동기들과 쿠바 답사를 했다. 답사 후 지리 내용을 담은 책자를 출판했다. 일반인들이 쉽게 읽을 수 있는 수준으로 쓰기로 했지만 지리 내용을 담다 보니 재

미와는 거리가 멀어졌다. 출판 후 인세가 별로인 것이 증거이다.

이런 책을 끝까지 읽으신 것도 기적인데 내용을 정리하여 독후감을 쓰신 어머님께 어찌 감동하지 않을 수 있으랴! 친구들의 감탄사는 끝이 없었다.

이 글은 완성본 글을 쓰시기 위해 정리한 글인 것 같다. 오히려 완성본보다 정감이 간다. '공산주의라는 것'에서 공산을 지우고 사회주의로 바꾼 흔적은 붉은색 이데올로기에서 벗어나시려는 어머님의 고민이 보인다. 그리고 맨 마지막에 적어 놓으신 權不十年, 少株密植이 인상적이다. 권불십년에서 인생의 겸손함이, 소주밀식에서 농부의 전문성이 묻어난다.

사위 기 살려 주신 어머님! 저의 장모님이 되어주셔서 감사합니다.

막내아들

나는 책읽기를 싫어한다. 만화책이나 무협지 같은 허무맹랑하고 쉽게 읽을 수 있는 책만 조금씩 읽는다. 매형의 쿠바여행기를 선물로 받았으나, 역시나 읽지 않고 소중히(?) 간직하고 있을뿐이다. 간혹 일어나는 언젠가는 읽겠다는 관심마저 없어지지 않도록 잘 간직한 것이다.

매형 죄송해요. 그치만 언젠간 꼭 읽으려구요.

나름 많이 배운 자식들도 엄두를 못내는 책을 메모까지 해가며 꼼꼼히 읽고 독후감까지 써서 사위에게 보내신 엄마의 정성이 정말 놀랍다. 어느 날 갑자기 마음이 동해서 할 수 있는 일이 아니다. 매사에 정성을 다하며 사신 엄마의 삶의 태도가 고스란히 묻어나는 대목이다.

나도 엄마를 반만 닮았으면 어디서건 대성했을 텐데-ㅎㅎㅎ

엄마가 나의 엄마이셔서 너무 자랑스럽다.

차돌 같은 우리 김서방에게.

① 여행을 많이 다녀 보지 못했지만
지금보다 젊을때 몇번의 여행경험을 추억 해 본다.
들뜬 마음으로 여행을 가면
가이드 딸려서 따라 다니며 고개만 끄덕끄덕 하다
집에 돌아오면 다 잊어먹고 마는것이 보통이다.
그런데 짧은 시일에 여행을 경험 하고 책을 냈다니!
깜짝 놀랬다.
쿠바 -- 우리와 아주 멀고 상관없는 사람들인줄 알았었다.
이 책을 읽으면서 문화와 풍습이 다를뿐 우리와 같은 사람
이라 생각이고 정이 느껴진다.
소박한 민족인것 같고 헛 욕심을 덜 부리는 것 같이 느껴진다.
왕이간다 하도 여러날 걸려 책을 읽어서 헷갈리는것도 많다.
이 책이 쿠바를 알게하고 정을 느끼게 됐고 TV 에서 쿠바 소리만
나오면 귀가 쫑긋 관심이 간다.
책을 읽기전엔 말도 안통하는 나라에 무엇하러 여행을 다니나
싶었다. 일부러 사서 읽지는 않았을것이다.
사위(김종연)의 짧은 시일의 여행기라고 보내 주었기에 읽다
보니 쿠바를 조금이라도 알게되고 쿠바를에 직접 다녀온것 보다
훨신 유익하다.
이 마음 얼마나 머리속에 간직 될지 모르지만 ---
미국과 관계가 좋지 못했었다는것.
소박한 나라라는것.
허세를 안 부린다는것
사회주의 국가라는것 잘 알고 있는건지 모르겠다.
건강하던 사람이 타국에서 불면증에 고생을 했다니 안타깝다
오히려 때를 맞추어 힘들었겠지만 그나라의 의료제도 체계를
경험 했으니 알찬 공부가 아닌가 싶기도 하다.
의료비에 대해 진실인가? 뜬소문인가? 쿠바에 다녀와도
잘 모를것이다. 현지에서 병이 나지 않는 한은 ---

181

② 양비론은 경계 해야 함 이 나라가 이렇게 문제가 있으니
우리 나라에 문제가 있는것은 당연 하다는 논리
나랏 일 까지는 널리 볼줄 몰랐어도
우리네 생활속 보통가정 을 볼때
옳은지 그른지 분간 하지 않고 편리 함만 쫓아서
그릇된 일 해놓고도 저쪽도 그러니 나도 흉 아니야
정당화 시키는 꼴 내가 평소 싫어 하던 논리다.
이 책에서 양비론 이라는 단어를 알게 되었는데
나야말로 이런때 써도 되는 단어인지 모르겠다.
잘못인줄 알면서도 어쩌지 못하는 입장도 보게 된다.
생각 없이 표본인양 딸려가는 것을 너무 많이 본다.
지식인 들이라는 그런 모습 더욱 안타깝다.
어쩌다 보니 어느덧 팔십중반이 되었구나 깜짝 싶다.
정신도 없고 판단력 더욱없고 흐리멍덩한 내가 책을 받게
되어 깜짝 반가웠지만 너무 어렵고 읽을 엄두가 나지 않았는데
아직 어른대접 을 받고 있다는 생각 으로 읽기 시작 했다.
쿠바는 나와 무슨 상관 여행을 갈것도 아닌데 싶었다.
읽는데 너무 어려워 무엇을 했는지 머리속에 들어 오는게
하나도 없어서 쪽지에 메모 하면서 읽다 보니 재미가 난다.
김종연 야무지고 틀림 없는 사람 차돌같은 사람 (차돌)장모가 지은별명
누가 라이타돌 이라고 별명 참 잘 지었다 싶다.
마음 맞는 친구 들이 있어 너무도 미덥고 보기 좋다 부럽다.
책장을 넘길수록 내가 좋아 하는 생각과 마음들이다.
다시 읽어 볼 생각이다.
여행을 잘 다니는 사람들이면 이 책을 읽어보면 좋겠다.
처음에 쪽지에 메모 했던것은 유명 인물이나 지명에 대한 내력
이런것들이 있는데 나한테는 거리가 먼것 같아 지워버렸다.
형제 보다 더 다정한 김종연 을 비롯 해서 건강하고
우정과 의리 변치 말고 영원 하기를 희망 하겠다.
17. 11. 27 쓴 김종연 장모가.

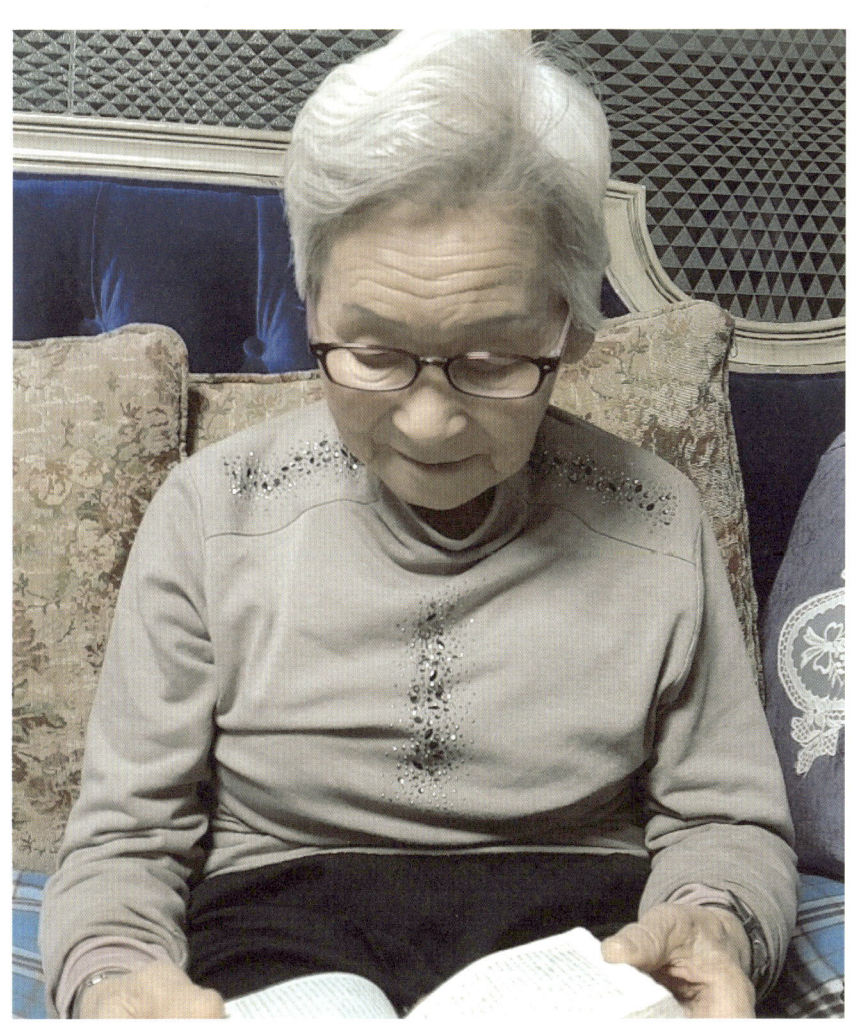

엄마, 할머니, 증조할머니로 산다는 것

둘째아들 임신해서 입덧이 심해 못 먹고 토하면 세상된 아기 병욱이가 엄마 아퍼 하면서 눈을 똥그랗게 뜨고 어미 등을 두들겨 주던 아기!
병욱이가 환갑 진갑 다 지난 옛날 같으면 노인인데 둘째아들도 벌써 환갑이라 능력없고 지혜롭지 못한 어미 밑에 태어나 잘 살어주어서 자랑스럽고 고마우이 아주아주 행복해! 건강하게 지버 주기 항상 기원 할께요 내가 참 오래 살았다 정말!
※ 가까이 살면서 어려울때 항상 힘이 되어 주는 대들보 같은 우리 큰 아들님! 항상 고마워요.
　　지난 날 일이 생각나서 종이 위에 적어봄.

가까이 사는 우리 큰 아들님!
금년들어 남편 허리 시술 백내눈수술 진료 400만원 정도 들었다. 그 비용중 360만원만 보내 주었다.
평소에 알뜰하게 살고 아꼈던 돈 있어 보내주니 다행이고 행복 했다. 모두가 남편 연금 덕분이다
병원 태워 다니느라 기름값도 많이 들었을 것인데~
※ 착하게 살겠다고 노력은 항상 하고 살았는데 뒤늦게 돌이켜 보니 하소연 할 친구가 없다
결코 착하게 살은것 아닌가? 아니! 팬 종이 정직한 친구!

민섭 인공수정으로 임신해서 얼마나 다행인지
인사차 들렸기에 20만원 주고 출산 축하금 30만원
큰며느리편에 백일 축하 30만원 큰며느리편
알뜰히 살은 덕이 크지만 정기적으로 나오는
남편 연금덕! 우리집 보배!

우리 손자 손녀 출생해서 자랄때는 너무
생활하기 어려워 과자 한번 넉넉하게 못사주고
손녀 딸들 인형 하나 못사주고 마음 아팠던 일
생각 하면 증손에게라도 해줄수 있으니
행복 하다.
지난날 보다 쪼들리는 것을 덜 할지 모르지만
사람들 수준이 높아져서 작은 돈은 돈같이
여기지도 않는 경향이 있다고 들 한다.
제 한줄을 모르니 행복한가? 불행한건인지?

21. 여름 어느날.

범희야 사랑한다

우리 둘째 아들의 아들로 태어나 잘커서 어른이 되어
아빠가 되었구나.
범희가 군에 있을때 손편지를 보내주어
답장 하느라 오랫만에 손편지를 썼던 기억이 난다
하나의 아름다운 추억이 될것이다.
2020년 7월 8일
예범희 생남 했다는 소식 반갑고 기뻤다.
전화로만 산모와 신생아 건강상태만 확인 하고
어느날 산후 조리원에서 퇴원 했을 무렵 전화 했더니
범희왈 할머니 죄송합니다. 면서 많이 울은 이유
가 궁금 하다
울면서 하는말 알아 들을수가 없는데 왜 그리 울을까?
별일 아니겠지 라고 믿고 싶다
　　　20. 7월 어느날

맏아들
5남매 아들 딸 낳고 잘 살고 있는 게 어머니께는 더 없는 행복이다. 특별히 잘 해드린 게 없는데도 자식, 손주, 증손…. 생각할수록 자랑스러우신 모양이다.

아버지 연금이야 쓰려면 두 분 생활비로도 빠듯한 금액인데, 알뜰살뜰 모아서 자식들에겐 아낌없이 베푸신다.

코로나로 3년이나 왕래를 못한 증손자가 얼마나 보고 싶으셨을까?

내리사랑이다.

둘째아들
아들들에 대한 사랑이 손자 손녀에게로 다시 증손자에게도 면면히 이어져 내려간다. 그런 내리사랑을 적는 중에도 언뜻언뜻 삶의 지혜가 녹아 들어가 있어서 많은 것을 느끼고 생각하게 한다. '친구가 없나? 아니! 펜, 종이, 정직한 친구!'라는 글귀에서 당신이 겪었을 어려움과 그를 이겨낸 마음가짐이 보인다. 자랑스러운 어머니, 할머니, 증조할머니의 표상이다.

맏딸
엄마 세대는 자식들을 돌보고 손주들의 재롱도 보고 손주들이 자라서 가정을 이루어 낳은 증손자까지 보신다. 전에는 어르신들의 일로 여겼던 늙음으로 인한 노쇠와 병괴 죽음이 이제는 우리도 멀지 않있다 싶어 우리 세대의 일로 여겨시는네 손주, 증손주는 낯설게만 여겨진다. 지금 손주를 본 오빠들은 다르겠지만 딸만 둘인 나는 손주도 기대하기 어렵다. 손주 본 친구들이 부럽기도 하지만 그냥 편하다 여기련다.

엄마는 증손주들에게 가끔 용돈을 주면서도 젊은 세대들에게 너무 적게 여겨질까 걱정하신다. 엄마의 돈은 그냥 돈이 아니라 일일이 손으로 가꾸고 일구고 밤새 따듬은 나물들처럼 엄마의 땀방울의 결실임을 자식들까지는 알아도 손주들 세대까지 알까 싶으신 게다.

작은딸
아기 병욱 큰아들이 환갑 진갑 다 지나고 그 며느리 민성이가 출산을 하니 증손자가 생겼다. 환갑인 둘째아들의 장남인 범희가 또 아빠가 되었다는 소식을 전해오니 얼마나 기쁘셨을까?

뭐라도 맘껏 해주고 싶으셨으리라.

가까이 살며 늘 관심을 쏟는 큰아들에 대한 애정도 가득하다. 멀리 산다는 이유로 자주 못 뵙고 살뜰히 챙겨드릴 여력도 부족한 나의 입장에서도 늘 감사한 부분이다.

그리고 엄마의 글을 읽다 보면 자주 등장하는 말이 있다. 착하게 살아야 한다는 것과 모든 것이 남편 덕이라는 것.

엄마의 넓고 깊은 소양이 나를 조금 더 고개 숙이게 한다.

작은사위

자식 사랑으로 사는 것이 부모이다. 자식이 어른이 되어도 부모 앞에서는 젖 먹던 시절의 애기이다. 더구나 엄마의 따뜻함은 나이와 무관하다. 손주, 증손주 또한 마찬가지다.

지혜롭다는 것은 무엇일까? 어머님의 행동을 보면 늘 깊이를 느낀다. 어려운 생활 속에서 자식에게 못해 주었던 애틋한 마음을 어른이 되어가는 손주들에게 표하시는 마음이 느낌으로 다가온다.

사람이 먹고 살려면 경제적 근원이 있어야 한다. 마음이 아무리 앞서도 경제적으로 뒷받침이 안되면 표현이 어렵다. 장인어른의 군인 연금이 효자다. 하기야 부자라도 못하는 부모가 얼마나 많은가?

엄마의 마음은 하해와 같다는 말을 실감한다. 엄마로 살기, 할머니로 살기, 증조할머니로 살기까지 어디까지가 어머님의 한계일까?

막내아들

흔히들 말하는 '내리사랑'인가?

90평생을 가족을 위해 헌신하신 엄마는 여전히 아버지께 감사해 하시고 자손들 걱정에 여념이 없으시다. 너무나도 지혜롭고 현명하신, 그리고 이타심이 충만하신 엄마는 오늘도 여전히 자손들 걱정을 하고 계신다.

특별한 사랑이다. 우리 엄마가 아니면 불가능한, 아무도 흉내낼 수 없는 그런 특별한 사랑이다.

자식이란?

음력 1.9일 작은 사위 61회 생일이다. 회갑
큰아들 61회생일때 50만원 찾아 오라신다.
회갑 잔치는 안하지만 맛있는것 사먹게 주신단다.
섭섭한가 생각만 하고 있는데 아픈 남편의
그 생각대로 했지만 너무도 고맙고 기뻤다.
그때만 해도 큰아들에 대한 고마움이 컸다.
큰아들이 같은 대전에 살아서 참 좋다 하셨다
얼마후 아범 회갑 여행을 간다 하기에 큰며느리가 밑반찬
해 들렸기에 있는돈 30만원 주었다. 작은 돈이지만 기쁘고
행복 했다
그것이 시작이 되어 회갑이 닥는 해 50만원씩
직접 간접 잔했다 주는 기쁨 참 행복 했다.
남편의 생각이었고 남편의 연금이 있어서
가능 했다. 행복 한 일이고 감사 할 일이다.
언젠가 큰아들이 하는말!!
아버지 잘 사셨어요 훌륭하게 참 잘 사셨어요
중에 특히 잘 하신것 3가지 참 잘 하셨어요.
연금 받을수 있는것. 국립묘지로 가실수 있는것.
배우자로 엄마를 선택 하신것 참 잘 하셨어요.
큰아들의 이말을 들을때 깜짝 놀랬다.
아들의 기대에 어긋나지 않게 남편께 더욱더 잘 해야

겠다는 다짐을 하게 되었다.
어려서 부터 듣고 배운말 남편은 하늘.여자는 땅.
아무리 세상이 바뀌어도 옳은것은 옳은것
그른것을 분간하지 못하면 사람이 아니다
누가 나를 가르친것은 아니지만 가난한 부모님
생활이 였지만 모르는 사이에 배워진것 같다
착하게 살면 하늘에서 복을 주는줄 알고 살았다.
남편을 떠받들고 사는것 당연한 일이고
병이난 남편 수발 자성껏 하고 있지만
큰아들이 위에 한말을 듣고 역시 잘 더잘 해야
겠다는 다짐 이었다.
세상에서 제일 무섭고 어려운 상대가 자식인것
것이다 가장 소중한 것도 자식이다.
남다르게 병난남편 수발 자성껏 하고 있으면서
아들의 한마디에 더 잘해야겠다는 다짐을
하다니! 이것이 내 인생인가?

맏아들

내가 저런 말을 했었나? 아버지께서 잘 사신 것은 맞지만 순서는 잘못됐다.

첫째가 엄마를 만난 것이고, 둘째가 국립묘지 가시는 것, 셋째가 연금 타시는 것.

어머니 혼자 결정하실 수도 있는 일이지만, 아버지 결정으로 자식들에게 뭔가 하실 수 있다는 걸 이렇게 뿌듯해 하시다니….

아마도 조상 모시는 것은 우리 세대가 끝이 아닐까? 그런 면에서 부모님을 국립묘지로 모실 수 있어 다행이고 너무 좋다.

연금은 어머니 돌아가실 때까지 계속된다. 어머니는 자식들에게 금전적으로 부담을 주지 않는 것이 아버지의 덕택이라 생각하시지만, 퇴직금을 한 번에 받지 않고 연금 수령으로 결정하신 것도 아마도 어머니의 생각이었을 것이다.

평생을 남편과 자식 위해 살아오신 어머니…. 그 은혜를 어찌 갚을 수 있을까요?

맏며느리

요즘에 우스갯소리로 자식에게 헌신하면 헌신짝 된다는 말이 있대요, 호호호. 하지만 어머님은 고운 결로 5남매를 기르셨고, 지금은 자식들에게 무한 공경과 사랑을 받으십니다. 며느리인 제가 봐도 너무 부럽습니다.

돌이켜보면 시집와서 어머니의 고생하시는 모습을 볼 때마다 눈물겨울 때가 많았고, 며느리로서 무언가 도움을 드리고 싶은 마음에 집을 지어드린 게 가장 보람된 일로 기어 됩니다. "자식에게 이런 큰 선물을 받다니…." 하시며 감동하시던 모습이 지금도 생생합니다.

몇 번의 집들이를 하는 동안 어머니는 양 볼이 늘 상기되어 계셨지요.

언제나 며느리를 존중해주시는 우리 어머니, 사랑합니다.

제가 받은 사랑에 비하면 늘 부족하지만 큰아들이 더 잘하도록 만들겠습니다. 호호호….

맏딸

'남편은 하늘, 여자는 땅'이나 '남편을 떠받들고 사는 것'으로 배운 엄마는 그렇게 사셨으면서도 큰아들, 장손은 다른 아들보다 위에, 아들들은 딸들보다 위에, 가부장적 사고를 가지신 아버지의 의식을 따르지 않으셨다. 참 아이러니가 정작 내가 아는 아버지는 여성 폄하를 하시는 분이 아니셨다. 어렸을 적 아버지는 나를 '여판사'라고 부르셨다. 초등학교 다닐 때 나의 장래희망이 판사였기 때문이다. 단 한번도 아버지가 "너는 여자이기 때문에 이래야한다. 저래야 한다. 이것은 못한다."라는 말씀을 하신 적이 없다. 늘 "잘한다. 우리 딸 최고다." 격려해주셨고 나이가 들어 정치적 입장이 다를 때에도 동등하게 아버지와 논쟁을 했었다. 고등학교 때는 〈간디 자서전〉을 아버지와 함께 읽었고 〈시몬느 베이유〉 전기문을 함께 읽고 아버지는 딸이 못내 걱정스러우셨는지 시몬느 베이유에 너무 빠지지 않기를 조심스레 말씀하셨다. 종교가 없으셨지만 기독교를 선택한 것에 대해 종교는 개인의 자유임을 인정하셨고 중학생이 되었을 때부터 공부는 하고 싶으면 하되 아버지는 사립대학은 지원할 수 없다고만 분명히 하셨다. 그런 아버지가 제사에는 여자를 참여시키지 않으셨다. 기독교인인 나는 그저 편리하게만 생각하고 신경쓰지 않았지만 여성차별의 입장에서 보면 명백한 차별이었다. 그리고 친손자 중에서도 각 집의 장자들만 교육보험을 들어주셨다. 물론 어려운 살림에 어쩔 수 없이 선택하실 수밖에 없으셨겠지만 생각해보면 그것도 아버지의 가부장적인 사고방식의 발현이었다. 엄마는 이런 아버지를 떠받드시지만 사위에게까지 동등하게 회갑 축하금을 전하셨다. 엄마는 자신은 노인들 돌보시느라 청춘을 다 보내셨지만 딸에게는 조금이라도 젊을 때 놀러다니라고 격려하신다. 결코 가부장제에 순종적이기를 강요하신 적이 없다. 알수록 재미있는 분이시다.

맏사위

장모님과 장인어른께서 잘하시는 일이 있다. 가정의 전례를 만드시는 일이다. 설날 새뱃돈을 주시고, 자녀들(사위, 며느리들까지) 회갑에 50만 원을 만들어 선물로 주시는 것도 멋진 가족 전통이다. 이것은 가족들이 공유할 수 있는 추억이자 기념이자 두 분의 품위와 격조이다.

작은딸

참 자상하고 총명하신 우리 엄마! 작은사위 생일, 환갑 날짜까지 정확히 기억하신다. 감사한 일이다.

우리는 정말 복을 받았다. 연금 나오는 부모님 덕에 생활비 신경 안 쓰고 각자 잘 살았고, 자식들 사랑하는 마음이 초인 같으신 엄마 덕에 아버지 병간호 문제로 갈등하지 않았다. 또 감사한 일이다.

맞선 면접에서 엄마를 배우자로 선택하신 우리 아버지, 그리고 이승의 삶이 다하면 그제야 엄마를 국립묘지로 편히 모실 수 있도록 보은하실 훌륭하신 우리 아버지.

참 감사한 일이다.

작은사위

자식이란? 어려서는 귀엽고, 커가면서 어렵고, 어떤 때는 무섭고…. 그러나 결론은 소중하다. 철없이 늘 요구만 하던 자녀가 의젓해 보이면 부모는 늙은 것이다. 늙어가는 부모는 자녀에게 짐이 되지 않기 위해 눈치를 본다. 이것이 인생 사이클이다.

'타인에게 짐이 되지 말자' 거창한 목표를 세웠지만 자신감은 시간이 지날수록 떨어진다. 어찌 인간이 조물주의 명령을 거역할 수 있으랴. 인간은 힘 빠지고 거동 불편하면 어디엔가 의지해야 한다. 의지처가 자식이냐 요양원이냐의 차이일 뿐.

어머님의 삶은 많은 가르침을 준다. 자식들에게 짐이 되지 않기 위한 부단한 노력이 아리게 다가온다. 내면에서 자신의 의지와 얼마나 많은 고군분투가 있었으랴?

내 인생의 반 이상이 어머님 그림자 속에 있다. 서당 개 3년 이론을 적용해도 10배 이상의 시간이다. 어머님 흉내는 내지 않을까 위로해 본다.

막내아들

큰형이 아버지께 얘기한 세가지 잘하신 일이 참 가슴에 와 닿는다. 금전적으로 넉넉하진 않았어도 화목하게 지낼 수 있었던 최소한의 금전적 기초와 현명하고 헌신적인 엄마, 삶의 끝에 자손들이 자랑스러워 할 수 있도록 남겨주신 국가유공자라는 명예.

우리 5남매가 서로서로를 아끼고 사랑하는 것은 부모님의 삶을 보면서 자랐기 때문 같다. 특히, 가족을 위해 모든 것을 바치고 헌신하신 엄마를 보면서 자연스레 배운 탓일 것이다.

엄마를 행복하게 해드릴 수 있는 방법 중 1. 건강하고 2. 행복하게 3. 사이좋게 잘 사는 깃이

간단해 보이지만, 쉽지 않고 그래도 우리 5남매라면 달성 가능한 숙제리라.

<둘째아들에게 보낸 편지>

병덕 에게
밤차로 왔다. 밤차로 가는것을 볼때
무척이나 피곤해 보이더구나.
무사히 도착하여 몸 건강히 학업에 열중하는지,
궁금 하다.
날씨가 매우 쌀쌀 하여 지는구나
건강에 더욱 조심 하여라.
　　　　이곳 별고 없이 지내고 있으니 그리 알어라
형, 화실에 들렸다가 안경을 거기에 두고 와서
글씨 가 도무지 보이잘 않어 짐작으로 쓴다
잘 새겨 읽어야 겠다.
다름이 아니라 대학생 졸업 하는데 필요
하다고 주민등록 초본 2통 신원 증명서 2통
씩 준비 하던데 필요 하면 연락 하여라
준비는 해다 놓았느라. 네 곡생(고생)스럽기도
하고 자랑스럽기도 하던 학교 생활도

그럭저럭 다 끝난듯 하구나

학교 생활 하는 동안 용돈 한 번 흐뭇하게

대 줘 보지 못한 어미 마음 여전히 되어나

아쉬웁고 너인들에 대해 미안하기조차

하단다 하지만 너무나 경제적 능력이

없다 보니 그러했지만 최선을 다 <s>쏟아</s>

<s>갖기는 하다</s> 했는가고 반성을 해본다.

아무쪼록 건강에 유의하며 남은 학교 생활

알차게 보내 도록 부탁하고 싶다.

일금 30000만원 보낸다.

용돈도 많이 필요 할 터인데------

날씨 추워 지는데 몸 건강하기를 빌며

이만 줄인다.

어미 씀

1982. 11. 18

자식은 나의 희망

인생이 무엇인가? 알쏭달쏭
나에게 소중한 5남매가 모를보다 더 중하다.
건강하고 성실해서 나는 많이 행복하다.
어느 부모든 같은 마음일 것이겠지만 —
모든 사람들이 볼때 나는 지금 힘든 생활을
하고 있다고 본다.
사실 좀 힘이 드는 편이지만 누구도 강요하지
않았다. 89세의 노파가 97세의 환자를 간병한다
는것 사실 힘들지만 자발적으로 맡은일 중도
하차 하고 싶지 않다.
그런데 가끔 엉터리 없는 망상때문에 시달리다
보면 끝도 한도 없을 것 같아 우울증의 환자를 생각
한다.
이럴때 자식들 생각이 나면 정신이 번쩍든다.
이 자식을 내게 있게 해주어 힘이 되게
되는것 미운 남편 덕이 아닌가!
아주 미약한 내 힘이지만 필요로 일하며 사는
남편 불상해서 미울수도 없다.
지난날 나를 믿어주고 사랑해주던 때를 생각하자.
21.

사람을 미워 하지 말자
환자라 는 것을 잠시 잊고 열 받을때가
자주 발생 한다
환자가 되고 싶은 사람 누가 있을까?
오른쪽 반신 마비 전신 가려운증 의심증
나중엔 의처증 망상증.
더 참고 살다가는 무슨 증상이 생겨서 횡설수설
해서 서로 힘 들까? 너무나 어처구니 없다.
이보다 더 참고 이해 하기 어려운 일 또 있을까?
말도 안되는 헛소리 각본 너무 억울 하고 듣기
창피 하다. 귀를 씻고 싶다.
세상에 저런 사람이 있나? 저런 사람을 내가
그리 좋아 하고 아껴왔나? 그럴리 없다.
병이다 분명 병이다 그 잘잘못 사람이 아직
그런병에 약속하다. 조현병 멀리 하지 못하는
내가 이상한 사람인가?
그래도 5남매를 내곁에 있게 해 준 사람!
자식 들에게 소중한 사람!
불효자녀 안 만들려면 내가 버티어 있어야 할텐데
 20년 가을 어느날
  내 하소연 들을사람 없다 (펜 종이) 친구밖에

맏아들
그렇게 힘드신데, 아무리 힘들어도 귀한 자식들 있게 해 준 남편 덕이라니….
내리사랑이라지만 어머니 사랑은 너무 과하신 것.
우린 어머니 은혜에 어찌 다 보답할 수 있겠나.

둘째아들
「89세의 노파가 97세의 환자를 간병한다. 그냥도 힘이 드는데 우울증과 조현병 증상이 있는 97세 환자가 89세 노파를 더 힘들고 어렵게 한다. 견디다 못해 포기할까 싶을 때 자식들 생각으로 정신이 번쩍 들어 심기일전한다. '자식들 불효자 안 만들려면 내가 더 버텨야지'라고 하면서 89세 노파는 새롭게 힘을 낸다.」

무슨 영화 시나리오 같지만 그렇지 않다. 우리 어머니가 마지막까지 아버지를 보살피며 겪은 실화다. 그래서 더 영화 같다. 길고 긴 세월 아무런 도움도 되지 못하고 아버지의 임종을 맞게 된 나라서 더욱 죄송스럽고 마음이 아프다.

노벨상을 수상한 헤밍웨이의 소설 <노인과 바다>는 이 문장으로 대미를 장식한다. "The old man was dreaming about the lions (노인은 사자 꿈을 꾸고 있었다)" 지치고 힘든 몸으로 쓰러져 자고 있어도 꿈속에서는 사자를 보는 노인의 불굴의 의지를 나타낸 명문장으로 알려져 있다. 길고 긴 남편의 간병이 끝나고 이제 지치고 힘들어 쓰러질 것 같은 우리 어머니에게 이 문장을 바치고 싶다. 어머니, 이제 편한 마음으로 하고 싶은 일에 마음껏 도전하면서 여생을 즐기시기를 바랍니다.

맏딸
'인생이 무엇인가? 알송달송' 쓰시고는 '나에게 소중한 5남매가 보물보다 중하다'고 하신다. 엄마에게 자식은 인생의 의미, 종교, 철학이 되어버렸다. 모든 엄마가 그런 것은 아님을 안다. 어떤 사람에게는 삶의 의미가 사랑하는 연인일 수도 있고, 자신이 믿는 종교일 수도 있고, 부모일 수도, 신념일 수도 있을 텐데 엄마에게는 자식인 것이다. 그 5남매 중 하나인 나는 참 감사하면서도 부담스럽다. 내가 엄마의 삶의 의미가 될 만큼일까? 의문을 날리고 감사함만 간직해야겠다. 누군가 나를 이리 귀하게 여겨주시니 내 삶이 내 존재가 귀하다 여기리라. 나도 모르게 장착된 자존감의 원천이 엄마라는 것을 알게 된 것은 우연히 내 어릴 적 가장 빠른 기억이 2돌도 되기 전이었음을 깨달았을 때이다. 엄마에게서 떨어져 당주동 할머니(아버지의 당숙모)에게 맡겨져 이불에 오줌을 싸서 할머니가 씻겨주시던 장면과 수치심이 생생한데 따져보니 엄마가 대수술을 받으시느라 맡겨진 현선이가 태동되기 전 두 돌도 안 되었을 때의 기억이었던 것이다. 왜 그런 기억이 생생히 살아있나 유추해보면 엄마한테서 처음 떨어진 그 일이 내게는 너무 충격이었던 모양이다. 다시 생각해보면 엄마의 풍성한 사랑 안에서 지내던 아기가 처음 엄마한테서 떨어진 충격이 생생히 살아 있었던 것이다. 그때 내게 있는 알 수 없는 뿌리 깊은 자신감, 자존감의 원천이 그 사랑이었구나 다가왔던 기억이 있다. 엄마의 사랑.

맏사위
나와 상관이 없다. 사위니까.
그래도 아내는 상관있다. 그래서 좋다.

작은딸
2022년 10월 25일. 사랑하는 아버지께서 가족의 곁을 떠나시고 난 후 혼자 남으신 엄마는 같은 대전에 사는 큰오빠네 바로 앞 아파트로 이사하셨다. 그 과정 중에 짐을 정리하면서 이곳저곳 엄마의 글들을 발견하게 되고 이 귀한 글들을 놓치기 아까워 가족 의견을 모아 책을 내기로 했다.

엄마의 독백, 추억, 애환, 다짐, 고통 등이 고스란히 담겨있는 귀한 메모들을 정리하면서 우리는 감격하고 아파하고 감사하고 죄송하기 그지없다.

귀한 유산이다. 우리 엄마만이 가능한 귀한 선물이다. 이보다 가치 있게 삶을 사시고, 이보다 가치 있게 자녀들에게 정신적 유산을 남겨줄 수 있는 분이 얼마나 계실까?

매주 글을 정리할 때마다 가슴이 뭉클하다.

작은사위
부모는 힘들 때 자식을 보며 위로를 얻는다고 한다. 어머님에게 5남매는 희망의 끈이었을 것이다. 가오동의 최사임당이시다.

예씨 집안에 장가들고 나서 느낀 것은 대단한 지능 우성 인자를 가진 집안이라는 것이다. 집사람은 일상에서는 단순해 보이는 데 문제가 발생했을 때 처리 능력은 예리하다. 각종 모임에서 즉흥적으로 시를 읊는 것을 보면 김소월이 박목월과 함께 울고 갈 지경이다. 자식에 대한 끔찍한 사랑에 질투하는 남편의 잔소리는 추풍낙엽이다. 부부싸움 끝에 후렴구로 나오는 말은 '아들들이 있어 참는다'이다.

아버님과 어머님의 유전자를 반반 받았을 텐데…. 어머님의 영향이 더 큰가 보다.

시간이 흘러 머리에 흰머리가 하나둘 늘어가며 느끼는 집사람에 대한 인상에 어머님이 겹쳐짐은 행운이다. 그리고 어머님께 고맙다.

어머님! 저의 장모님이 되어주셔서 감사합니다.

막내아들

정신과 체력의 한계를 극복하며 아버지의 생의 마지막까지 지극정성을 다하신 우리 엄마, 그 이면에 고통으로 인한 원망과 체념, 또다시 일어서야만 했던 절심함. 5남매 불효자식 만들지 않기 위해서, 자식들에게 고통을 이연시키지 않기 위해서.

그저 자식들의 안위와 사회적 평판을 위해서, 그 모든 어려움과 고통을 종이와 펜을 친구삼아

힘겹게 버텨오신 엄마.

종이와 펜밖에 친구가 되주지 못했던 그 시기, 나는 과연 무엇을 하고 있었을까?

가슴이 아프다.

지금부터라도 좀 더 자주 연락드리고 찾아뵙고 해야겠다.

엄마 사랑합니다.

이미자 노래

> 21. 5. 17 비가 많이 내린다
> 방문요양사는 12시에 왔다가 3시에 퇴근한다.
> 유성구 신성동 예방접종센터에 1시까지 도착하기 위해서 이른 점심먹고 큰아들 차에 부군 모시고 가는데 비는 어설프게 시작한다.
> 큰아들은 어미를 위해 이미자의 노래 테입을 준비해 두었단다 (수년전에). 높은 소리도 낮은 소리도 나오지 않는 늙은 어미를 위해서
> 오늘도 이미자의 노래를 들어준다
> 항상 행복하고 고마워라
> 대들보 같은 우리 큰 아들님 항상 든든하고 고맙기만 했는데 행복 했는데 요자음은 미안한 마음이다.

맏아들

가끔 차에 모시고 다닐 때를 대비해 이미자며 현인 등 옛날 노래들을 저장해 두었다. 꽤 오래전부터다.

노래 반주가 시작되면 어머니는 "흠흠" 목청을 가다듬고 따라 부르시기 시작하는데….

"산에는 지인달래 들엔 개나아아리…."

중간중간 "흠흠"거리시면서 "목소리가 왜 이리 안 나오지?" 하시면서도 계속 흥얼거리신다.

누구나 그렇겠지만 옛 노래를 들으면 그 시절의 추억이 소환된다.
어린 시절, 6.25 전쟁, 결혼, 시집살이, 자식들….
그 시절의 고단함보다는 행복한 추억들만 떠오르길 바라며, 오늘도 병원 모시고 가는 길에 이미자 노래를 틀었다.

둘째아들
어렸을 때 이미자의 〈동백아가씨〉를 잘 불렀다고 들었다. "헤일 수 없이 수많은 밤을"로 시작하는 이 노래는 1964년에 발표되었다고 한다. 내가 만 4살이 되는 해였으니 제법 노래를 따라 할 수 있었을 것 같다. 지금은 생각나지 않는 먼 옛날의 일이지만 가끔 이 노래를 흥얼거리시는 어머니의 목소리를 들을 때, 또는 트로트 경연대회 등에서 이 노래가 나올 때면 괜스레 마음 한구석이 아련해지기도 한다.
우리 어머니가 이미자의 노래를 좋아하는 것은 어렵고 힘든 일상을 잠시나마 잊게 해주는 '고마운 휴식처' 역할을 했기 때문이 아닐까 싶다. 물론 노래 그 자체를 좋아하시기도 했겠지만….
"꽃잎은 빨갛게 멍이 들었소"라는 가사처럼 우리 어머니의 마음속에도 빨간 멍이 들어 있을 것 같다. 이 멍은 시간과 함께 그리고 '대들보 같은 큰아들'과 자식들을 사랑하는 마음과 함께 서서히 지워져 가리라 믿는다.

맏딸
아버지가 돌아가신 후 작년 연말에 엄마를 모시고 베토벤 합창교향곡 공연을 모시고 갔다. 큰오빠가 "이미자 공연을 모시고 가야지" 했는데 오빠는 엄마의 최애곡을 알고 있어서 그랬나 보다. 의외로 엄마는 심취해 들으시고 발장단도 맞추시면서 긴 시간의 공연을 즐거워하셨다. 다음에는 이미자 공연도 모시고 가야겠다.

맏사위
이토록 사무치고 아프게 여인들의 고달픈 삶을 그린 노래와 시가 있을까?
무뚝뚝한 큰 형님은 이렇게 어머니의 마음을 위로해 드렸나 보다.
지난 시대 우리 어머니들은 비탈진 인생길을 가셨는데 그 속에서 우리들의 삶은 이어지고 사람들은 성장하는가 보다. 아들이 들려주는 노래를 듣다가 믿음직한 아들에서 미안한 아들로 변화하는 큰 처남에 대한 남다른 어머니 사랑을 느낀다.

작은딸
봄비가 흩날리는 날 부모님을 모시고 이동하는 차 안에서 이미자 노래가 흘러나오고 조심스레 힘겨운 목소리로 따라 흥얼거리며 고마움과 미안함이 교차하는 엄마의 마음.

큰아들과 큰딸….

맏이는 뭐가 달라도 다르다는 말이 실감 난다. 멀리 사는 자녀들의 정성은 가까이 사는 맏이들의 행동을 따라가지 못한다.

표현은 투박하지만 섬세하고 여린 큰오빠…. 늘 감사한 마음이다.

그렇게 고맙고 미안한 큰아들이 틀어주는 노래를 흥얼거리며 이동하는 차 안에서 짧은 순간이지만 모든 시름을 잊고 엄마는 행복했을 것이다.

작은사위
헤일 수 없이 수많은 밤을
내 가슴 도려내는 아픔에 겨워
얼마나 울었던가 동백 아가씨
그리움에 지쳐서 울다 지쳐서
꽃잎은 빨갛게 멍이 들었소.

〈동백 아가씨〉는 그리움을 노래에 담은 곡이다. 가수 이미자의 구슬픈 목소리와 그리움에 사무치는 노래 가사가 어울려 만들어낸 명곡이다. 수많은 밤을 울다 지쳐 빨갛게 멍이 들게 된 사연은 무엇일까?

어머님은 왜 이 노래를 좋아했을까? 이 노래를 통해 마음의 응어리가 풀리는 카타르시스를 느꼈을까?

동백 아가씨 노래를 들으면 아버님과 어머님의 긴 인생 여정이 절절하게 묻어나는 것 같다. 미워할래야 미워할 수 없는 사람…. 어머님에게 아버님은 그런 존재였으니 말이다.

코로나와 명절 풍경

코로나19 때문에
보고 싶은 얼굴도 못본다.
올 설에도 지난 명절 처럼 분산해서
보게 될것 같구나.
같이 모여 웃으며 수다 떠는 자식들 모습
언제나 마음놓고 보려나?
22. 1월 초승메

(음12.23)
1. 25 어미의 생일이라고 다른때 같으면
22일 토요일에 모여 하루 즐겁게 보냈을
것데 코로나 마운틈 바람에 또 분산 할모양.
큰 아들 내외는 코로나 감염 되었다는데
부디 큰 고통없이 잘 이겨 내기를 기원한다.
병용 내외 내방 22. 뜻밖에 현루내외 또 내방 22

1월 15일
현선 내외 내방 생일 점심 준비 해옴
뜻밖에 현주 내외도 내방

1월 15일 딸의 간 현선 내외 버방 (부군지게 10만원드림)
삼성동 막내 조카 버방 좋은사과 1상자
너무도 미안 하기만~ 하다. 1월 29일

02. 2. 1 설날
　　코로나 때문 오고갈수 없어
　　큰아들 내외는 아픈 몸으로 차례를
　　지낸다는데 걱정도 되고 고맙기도 하다.
　　아버지 엄마 한테는 큰딸이 음식을
　　준비 해 와서 큰딸네 가족과 쓸쓸하지
　　않게 잘 보냈다.
　　나는 딸 노릇을 못했는데 이렇게 받어도
　　되나 싶다.

남편은
몇년 전 만 해도 정월보름 나물과 오곡밥
부름 귀밝기술 준비해 드리면 그렇게 좋아
하셨다
작년 가을부터 죽만 잡수시니 전대로 해
들여도 잡수시지를 못하시니 아무의미가 없다.

큰딸의 이야기 장서방에게
14일 나물 몇가지 잡곡밥을 해주었다기에
바쁜 중에도 해주었다 해서 참 잘 했다 신랑에게
칭찬 해주었다
장서방이 찰밥이야기를 하는 바람에 15일 찰밥
해 놓고 시어머니 생각이 나서 눈물이 쏟아졌
다는 말을 한다
코로나 때문에 면회도 못하는 심정 짐작이 된다.
부디 건강 하세요, 사돈댁.

22. 2. 15

하루 생활이 너무 힘 든다.
그래도 힘것 노력 하자. 다짐을 하지만
너무 힘이 딸린다.
배변 처리가 겁이난다.
각오 하고 하는 일이지만 겁부터난다.
언제가 끝일까?
가급적 힘 든다는 말은 하지 말어야 하는데
나도 모르게 힘들어 소리가 입에 붙어 있다.
양력 날자 음력날자 같이 나간다.
26일이 부군 생신인데 19일 큰딸 다녀갔고
둘째 아들 한테서는 2양일 전화와 통장으로
돈을 많이 보내왔다.
이번 생신 토요일에 닿았기 때문에
큰아들 내외와 막내딸 내외 막내아들 내외 같이
모여 재미있는 하루를 잘 보냈다.

맏아들

코로나 시절 3년.

'코로나19'가 창궐하고 많은 사람이 세상을 떴다.

온 가족이 모일 수 없는 것도 큰일이었지만, 아버지께서 점점 힘들어지시니 요양원 모시는 게 참으로 큰 고민거리였다. 보훈요양원에 모실 준비는 미리 해두었지만, 일단 한 번 들어가시면 어쩌면 다시 뵙지 못할 수도 있는 상황이었기에 고민이 많았는데, 정작 어머니는 돌아가실 때까지 직접 챙겨드려야 한다는 확고한 생각을 갖고 계셨다.

명절이나 생신 때마다 자식들은 서로 다른 날짜를 정해 각각 찾아뵈었고, 특히 안타까웠던 것은 증손자 승우가 태어났지만 보여드리지 못하는 것이었다.

얼마나 보고 싶으셨을까?

맏딸

코로나 전에는 주일에 교회를 가면 한번은 시어머니 방문하고 한번은 친정부모님 방문하는 것이 일상이었다. 격주로 뵈니 적어도 한달에 1~2번씩은 찾아뵌 것 같다. 그런데 코로나 감염이 걱정되면서 교회 예배는 온라인으로 드리고 많이 못 뵈었다. 시어머니 요양원 방문은 어쩌다 유리를 통해서만 가능했다. 그것도 허락되는 때가 많지 않았다. 그러다 2022년 3월에 시어머니는 가시고 10월에 아버지가 가셨다. 환하게 웃으시던 아버지 모습이 그립다. 거동이 점점 불편해지시면서 엄마한테 점점 더 무거운 짐이 되셨던 아버지를 엄마는 끝내 엄마의 품에서 마지막까지 돌보셨다. 자신이 코로나에 감염되셨을 때조차 홀로 아버지를 돌보시며 이겨내신 엄마가 코로나로 자식들 방문이 뜸해지면서 외로우셨을 것이 마음 아프게 다가온다.

맏사위

코로나로 단절된 우리의 삶의 풍경에 대한 어머님의 기록이 세세하고 정겹다. 모두가 고립된 그 시절 자주 찾아뵙지 못했는데 두 분, 특히 홀로 장인어른의 모든 뒷바라지를 감당하시는 그 의지와 결의가 놀랍다.

코로나 와중에 어머니를 잃은 나는 아직도 유리창 안에서 내가 농담을 던지면 환하게 웃으시던 모습이 생생하다. 늘 먹는 것이 걱정이시던 어머니는 내가 방문할 때마다 직장을 놓치지 않고 잘 다니냐고 물으셨다. 쫓겨나지 않고, 월급 잘 받고, 잘 먹고 산다고 답하면 좋아하시던 모습이 늘 생각난다.

작은딸

2022년 코로나 여파가 가시지 않은 채 맞이하는 명절과 부모님 생신 모습이다.

각자 각자 다른 날을 정하여 부모님을 뵈었던 마지막 시기였다. 계란, 메추리알 장조림과 불고기, 각종 나물을 즐기셨던 아버지는 2022년 한 해 동안은 거의 드시지 못하고 죽과 단순 음식만 섭취하시다가 같은 해 10월, 가을 하늘이 유난히 파랗고 햇살이 곱던 날에 엄마 품에서 이승의 끈을 놓으셨다.

이젠 다시 볼 수 없는 이 장면들이 그립고 아쉽다.

막내아들

자식들 일상생활에 부담이 되지 않도록 가급적 보고 싶다는 말씀을 안 하셨는데….

엄마가 쓰신 글을 보면 마음이 메어진다. 코로나 핑계로 자주 찾아뵙지도 못하고 간간이 전화연락만 드리는 게 다반사였다. 그저 아낌없이 사랑만 쏟아주셨는데도 자식들 부담 걱정에 하고픈 말씀도 갈무리하고 계셨던 엄마의 마음에 눈시울이 붉어진다.

祝 어버이날

아버님
어머님

감사합니다.

가슴에 꽃 한 송이 못 달아드림을 슬퍼하며.

南國의 孤島에서
병덕 올림.

※ 하약복 · ~~하실승복~~ 하실승복(백작) 소포로 부쳐주세요.
(다음 주 부터 입음니다).

부탁 2

내가 벌서 89세 참 오래 살았다
아무것도 해 놓은것이 88년을 살았네 아무 흔적없이
병나신 남편 힘껏 정성들여 모시다 보내들이고
자유로히 1년만 살다가고 싶은 욕심이 있었다.
80대 초반부터 생각한 일인데 ---
어쩌다 보니 거의 10년전 희망이 였구나.
지금은 나도 충분히 살만큼 살았네.
혹시 내가 아버지 앞에 가더라도 절대 마음
아퍼 하지 말기를 부탁 한다.
죽고 사는것 인력으로 못하는 것이고
아버지가 주신 선물 5남매가 건강하고 성실하게
내 곁에 지켜주어서 충분히 행복 했단다.
다시말 하지만 간병 하느라고 고생한것 가치
보일지 모르지만 아무나 하기 힘든 일이였기에
보람된 일로 생각 하고 살았다.

맏아들
내가 먼저 가면 어쩌지?

어머니께서 늘 입에 달고 계시던 고민이다.
내가 먼저 가면 불쌍한 남편은 어쩌나?
이 어려움을 자식에게 떠넘겨선 안 되는데….

아버지도 아셨는지 먼저 가셨다.
어머니가 오래오래 편안하셨으면 좋겠다.

둘째아들
아마도 작년에 적으신 글인가 보다. 짧은 글 속에 당신의 평생을 담담한 마음으로 담으신 것 같다. 그리고 자식들에게 유언처럼 "마음 아파하지 말기"를 부탁하신다. 자식이 보기에는 마음 아프고 슬픈 내용이지만 제삼자가 본다면 시처럼 예쁘고 아름답게 저물어가는 인생을 노래하는 것처럼 보일 것 같아 새삼 우리 어머니의 글솜씨에 감탄하게 된다.

멀리 있다는 핑계로 자식의 도리를 다하지 못한 것 같은 죄책감은 내가 평생 안고 가야 할 업보인 것 같다. 그러나 이런 마음조차도 당신께는 아픔이 될 것을 잘 알고 있기에 그저 아무렇지도 않은 척 하루하루를 보내면서 이렇게 말씀드리고 싶다. "어머니, 이제는 근심 걱정 놓으시고 하고 싶은 것 하시면서 편하게 여생을 즐기세요."

맏딸
엄마가 올해 구순이시니 작년에 이런 글을 쓰신 것이다. 아버지가 돌아가시기 전 갈수록 엄마도 기운이 떨어지는 날이 많으니 아버지보다 먼저 갈까 걱정하시더니 그런 일을 염두에 두고 우리에게 당부하실 말씀을 적으신 모양이다. '절대 마음 아파하지 말아라. 충분히 행복했다.' 마음이 먹먹하다. 누가 봐도 90이 다 되어가면서 남편을 극진히 보살피는 일이 너무도 고된 일이었을 텐데 충분히 행복했다고 하시니…. 다행히 엄마가 원하시는 대로 아버지를 잘 보내드리고 이제 엄마가 행복하게 지내실 일만 남았다. 엄마 말씀대로 죽고 사는 것은 인력으로 할 일이 아니지만 좀 더 우리 곁에 오래 행복하게 계시면 좋겠다. 늘 우리 5남매를 아버지의 선물 같은 존재로 여기시니 정말 이제는 엄마께 행복을 안겨드리는 일만 있기를 기원한다.

맏사위
유언
"슬퍼하지 말아라. 혹 내가 먼저 이 세상을 떠나더라도."
"나는 행복하다. 5남매 잘 자라고 성실하게 살아서."

장인어른이 돌아가시고 나서 장모님의 호쾌함과 빛나는 지혜를 더 많이 접하고 발견하게 된다. 이 유언에는 담대한 성격이 잘 나타나 있다. "잘 살았다." 이렇게 말할 수 있는 사람이 얼마나 될까? 다른 사람에 대한 깊은 배려로 자신의 상처받기 쉬운 섬세하고 고운 심정을 감추시고 지내신 장모님의 담담하고 깨끗한 생각이 놀랍다. 아직도 함께 여러 가지 세상일에 대한 생각을 나눌 수 있고 배울 수 있는 아내의 어머니, 나의 장모님이 계셔서 참 좋다.

작은딸
엄마를 짧게 표현한다면 깊은 겸손과 정성…. 이렇게 말하고 싶다.

누구에게나 정성을 다하시고 겸손하신 우리 엄마. '나는 할 만큼 했다'라던가, '내가 얼마나 더 잘해….'라는 교만이 없으시고 오히려 더 잘하지 못한 걸 후회 하신다.

쉽게 화를 내며 요동치는 일도 없으시다. 엄마의 심연에서는 모두가 잠잠하다. 고요하다. 그런 모습을 스스로 바보 같아 하신다.

때론 그런 줄 알았다. 당차게 반응하지 않으시고 흡수하시는 엄마가 속상할 때가 많았나. 그러나 나도 나이가 들어가면서 철이 드는가? 엄마를 조금씩 닮아 가고 있다.

정성을 다할 때의 깊은 행복
물러서고 져줄 때의 여유
쉽게 요동치지 않고 잠잠할 때의 평온

엄마가 평생 살면서 보여주신 본보기를 이제 나도 조금씩 알아가고 있다.

남편을 정성들여 모시고 5남매가 있어 행복하고 아무나 하기 힘든 일이었기에 보람 있으셨다는 엄마의 고백이 깊은 울림으로 다가온다.

작은사위
담담하다. 인생 여정을 가감 없이 물 흐르듯 표현하신 한 편의 시다. 욕심치고는 너무나 소박하다. 사랑하는 남편을 먼저 보내고 1년 후 뒤를 따르리라는 평소의 생각…. 김광석의 〈어느 60대 노부부 이야기〉 노래가 들리는 듯하다.

남편 간병의 고난을 보람으로 느끼고 잘 자라준 자녀들로 보상받았다는 행복감으로 승화시키는 모성애가 느껴진다. 지혜와 총기를 유지하시며 어머님께서 하고팠던 일들을 하나하나 경험하시길 기원해 본다.

막내아들

우리 엄마는 위대한 분이다.

잔병에 효부, 열녀 없다는 말이 있지만, 치매로 인해 사리 분별 못하시고 새벽마다 소리지르며 밥 달라고 졸라대시던 시아버지를 끝까지 최선을 다해 모셨고, 중풍이라는 못된 병환으로 거동이 불편해지고 마지막에 정신적으로 온전하지 못하셨던 남편을 모든 것을 바쳐 25년이란 긴 세월 동안 지극정성을 다해 모신 그런 분이다.

간혹 체력과 정신력이 극한에 도달할 때면 남 탓하지 않고 스스로를 책망하고 반성하며 주위를 되돌아보며 버티고 견디고 안타까워하며 다시 힘을 내어 모든 걸 새롭게 시작하는 정말 상식을 벗어난 초인 같은 분이다.

그런데, 자식들의 생각은 아랑곳하지 않고 당신이 생각하신 목표 이루고 빨리 떠나시려 한다.

엄마, 자식들 바램도 생각해 주세요. 자식들이 도리를 다할 수 있도록 건강하고 행복하게 오래 사셔야 합니다.

최연하가 들려주는
<연하의 추억>

구술 엄마 최연하
기록 맏딸 예현주

최연하가 들려주는 '연하의 추억'

나는 1934년(호적상으로 1937년 3월 3일) 음력 12월 23일에 연산에서 8남매 중 다섯 번째로 태어났어. 그래서 이름이 연하야. 엄청 이뻐서 외갓집 행랑들이 아기씨 예쁘다고 서로 안으려고 했데. 옛날 어른들은 웃어른 앞에서 자식을 마음대로 이뻐할 수 없었는데 분가해서 처음 태어난 아이가 나여서 우리 아버지도 나를 엄청 이뻐하셨데. 아버지가 나를 무릎팍에 앉혀놓고 보리밥 섞인 쌀밥을 물에 말아 쌀밥만 건져서 숟가락에 몇 알 올려놓고 간장을 콕 찍어 주시는 광경이 기억이 나. 조금 커서는 아버지를 무척 좋아했지만 어려워서 감히 재롱부릴 엄두도 못 냈는데 왜 그리 아버지를 어려워했는지 모르겠어.

반면에 어머니는 수절하는 손위 동서 시집살이가 매웠지만 큰집에 살 적에는 무엇을 먹을까는 걱정할 필요가 없었는데 분가하면서 자식들과 함께 어떻게 먹고사나 걱정이 많이 되셨데. 그래도 어머니 친정 고모가 이웃 마을에서 시골집이지만 살 만했는데 고모할머니네 시동생이 연산 정거장에서 부자여서 그 집 바느질거리를 소개했데. 솜씨 좋은 어머니가 삯바느질을 해주고 나니 김창봉이라는 집까지 소개받아 그 집 바느질까지 하시게 되었지.

아버지는 도배도 잘하고 소목으로 솜씨가 좋아 두 분이 열심히 일해서 살림을 꾸리셨어. 붓들이 아버지가 대목이었는데 일본말로 "사이상(최씨) 나랑 같이 갑시다." 해서 이상(이씨)을 따라가 닷새를 일하면 쌀을 한 말 벌 수 있었지. '

어머니 아버지 두 분이 살뜰한 사이 좋은 모습을 보이시지는 않았지만 큰 소리로 싸우신 적도 거의 없었는데 딱 한번 아버지가 화내시는 것을 본 기억이 있어. 아버지가 무엇이나 잘 만드셨는데 무엇을 만들 요량으로 송판때기를 얻어와서 마루 밑에 쌓아놓고는 일을 안 하시니 늘 정갈하게 집안을 정리하는 어머니는 그 쌓아놓은 송판때기가 못마땅해서 언제 치우시냐고 잔소리를 하셨어. 아버지는 어머니 잔소리에 두말도 안 하고 뛰어나가 송판때기를 마당에다 휙 집어던져 다 쪼개고 부엌으로 던져 다 태우면 단 하나 뿐이어서 외출할 때나 아껴 신으시던 다비(일본식 신발)를 가지고 와서 불 속에 던지고는 방으로 들어가 드러누우셨어. 어머니는 한참 후에 "화만 내지 말고 밥 잡숴요."해도 들은 척을 안 하셨지. 어머니가 "야 니들이 가서 아버지 진지 잡수시라고 해라. 나는 소용없다." 하셔서 필하랑 둘이 가서 무서워 떨며 "아부지 진지 잡숴요." 모기만한 소리로 아버지를 달래던 생각이 나. 화내신 걸 본 건 그때 한 번뿐이었지만 아버지 성깔이 대단하셨던 것 같아. 힘도 좋으시고 치아가 얼마나 좋은지 철사도 이로 끊으셨는데.

어릴 적 생각나는 것 중 고모할머니네 며느리가 얌전하니 동글동글했어. 누에키우랴 농사질랴 바쁘고 어지러운데 어느 날 누에를 삶아서 실을 빼더라고. 몇 개씩을 넣어서 실을 빼고 넣고 해서 번데기가 나오니 "번데기 줄까?" 하기에 손을 벌렸더니 번데기를 손에 얹어주었는데 꿈틀해서 얼마나 놀랐는지 꺽꺽 우는데 울음소리가 안 나올 지경이었어.

어릴 적 나는 무척 개구쟁이였던 것 같아. 하루는 처마 한쪽에 어머니가 참기름을 짜서 아껴먹느라고 노끈으로 병을 잘 엮어서 매달아 놓은 것이 눈에 띄는 거야. 맛 한번 보면 좋겠다 싶어 곡식을 재는 말을 엎어놓고 올라가 내려서 몰래 쬐꼼만 맛만 보려고 했는데 기름이 확 쏟아진 거야. 큰일 났지만 아까운 기름을 어떻게 해야겠어. 머리에 바르면 내 푸석한 머리도 반질반질해지겠다 싶어 머리에 곱게 발랐지. 고소한 냄새가 진동했어. 근데 혼난 기억은 안 나네.
여섯 살 때쯤에는 집 옆에 또랑 위의 다리 밑으로 들어가서 빠꼼사리하고 놀기도 했고, 깡통에 구멍을 뚫어서 콩을 갖다 넣고 몇 날 며칠 물을 정성스럽게 주니 소복하게 콩나물이 자랐지. 집에 가져가니 어머니께서 깜짝 놀라 웃으시던 모습이 기억나. 아주 뿌듯하고 자랑스러웠지.

어릴 적 내 친구 붓들이와의 추억도 이것저것 생각이 나. 붓들이가 창꽃을 꺾어 먹는 것을 보고 부러웠는데 외가집 고모할머니댁인 당골을 가는 길에 붓들이가 먹던 창꽃(진달래)보다 더 좋은 꽃이 많이 피어있는 거야. 열심히 따먹었는데 나중에 알고 보니 철쭉이었어. 집에 와서 토하고 난리가 났어. 죽을 뻔했지만 겨우 살았지. 철쭉을 먹으면 안 된다는 것을 몸소 배우는 경험이었어. 붓들이가 날마다 우리 집에 놀러 오니까 붓들이 엄마는 연하네 집 가서 살라고 할 지경이었지. 하루는 우리 집에 와서 새우젓 단지에 머리 감는다고 머리를 넣었다가 안 빠져서 울던 모습을 생각하면 지금도 너무 웃겨.
나도 자주 붓들이 집에 놀러갔는데 붓들이 종조할아버지가 땔감을 해대서 집이 따뜻했어. 어느 날은 놀러갔는데 붓들이 어머니가 달도 안 차서 아기를 낳아 꼬물꼬물 너무 쬐꼼했던 기억이 있는데 그 다음 날 아기가 죽었어. 붓들이 어머니는 16번이나 유산을 했데. 근데 내가 간 다음 날 아기가 죽으니 우리 어머니는 우리에게 붓들이 집에 못 놀러가게 했어.

어느 날 필하(동생)하고 나하고 백일기침을 앓아서 어머니가 참새고기를 약으로 구워 먹이고 있는데 붓들이가 놀러와 화롯가에 붙어서 안 가니 붓들이도 참새고기를 한 점 줬어. 그랬더니 붓들이 엄마가 참새고기 때문에 붓들이가 백일기침 걸렸다고 우리 집에 못 오게 했어. 그래도 붓들이는 죽어라 우리 집에 놀러왔지만 우리는 붓들이네 집에 놀러가고 싶어도 어머니가 못 가게 해서 까치발 들고 붓들이 집을 들여다 보기만 했지 놀러가진 못했지.

어머니 말씀을 어기는 것은 상상조차 해보지 않았거든. 필하하고 나는 싸울 때도 어머니 아버지 모르게 이불 밑에서 서로 다리를 꼬집으며 몰래 싸웠어. 왜 그리 부모님이 어려웠는지….

시집가고 나서 3월에 첫 휴가로 신혼여행을 유성온천으로 갔는데 중신하신 시고모가 아들을 업고 오시고 붓들이도 유성까지 따라왔어. 남의 신혼여행에 무슨 일이람. 지금도 어쩐 일인가 모르지만 그만큼 친했던 친구 붓들이는 그 후론 오랫동안 못 만났는데 내가 가오동으로 이사한 뒤에 서너 살 된 딸을 데리고 나를 찾아 왔어. 어찌나 반갑던지…. 시동생이 대전에 살아서 작은 집에 왔다가 찾아온 거야. 그리고는 소식이 끊어졌지.

붓들이 친정도 이사가고 연락할 방법이 없었어. 사느라 바빠서 간간이 생각나도 찾아볼 엄두를 못냈어. 그런데 10년 전쯤 다시 붓들이가 전화를 해서 연락이 닿았어. 얼마나 반갑던지…. 그 후로 간간이 통화하고 나를 예뻐했던 붓들이 올케하고도 연락하고 살게 되었지만 어느 새 이리 늙어서 만날 엄두를 못내네. 언제 한번 보면 좋은데…. 그 옛날 죽고 못 살던 내 친구 붓들이와 지내던 시절이 간간이 생각나고 그리워.

초등학교 4학년 여름 방학(음력 6월 25일) 때 아버지는 48세에 교통사고로 돌아가셨어. 비가 많이 와서 철도가 끊어져서 차가 못 다닐 때 부역일 가셨는데 혼자만 안 돌아오셨어. 사람을 잔뜩 태우고 가는 거북차에서 떨어지셨데. 너무 많은 사람을 태운 거야. 그 날 집에서 우리 어머니가 바느질을 하다 바늘에 찔려서 피가 났는데 또 콱 찔리셨데. 시간을 따져보니 아버지가 다치는 순간이었데. 어머니는 아버지가 연산 삼남의원에 입원하셨다고 해서 황급히 쫓아갔어. 그때 셋째 오빠는 중학생이었고 둘째 오빠는 졸업반으로 실습 중이었고, 큰오빠는 장가가서 조치원에 살고 있었어.

붓들이 엄마, 아빠 부부가 일하다 말고 쫓아와 "사이상 사이상 죽으면 안 돼." 울부짖으니 아버지께서 "아무래도 나는 못 살 것 같으니 우리 가족 부탁해." 하는 말을 남기고 가셨데.

나는 조카를 업고 방에 들어가 돌아가신 아버지 발을 만져보니 아직도 따뜻했어. 아버지 발을 만지며 아버지 발이 내 발과 똑같이 생겼다는 것을 그제야 알았어. 나는 발만 아버지를 닮은 게 아니라 성격도 아버지를 닮았어. 우리 어머니는 맺고 끊는 게 분명하신데….

큰오빠는 일찍 남편을 여의고 수절하신 큰어머니 댁으로 양자로 가서 결혼해서 살고 있었어. 양자 갔으니 생가집에 도움을 못 주고 사는 게 굉장히 괴로웠을 거야. 마음이 따뜻한 큰오빠였으니…. 늘 큰오빠가 안 되었다고 생각했어. 그때 어머니는 "누가 쌀 두 말만 주면 살 만할텐데…." 하시며 쌀 두 말을 아쉬워하셨거든.

아버지 보상금을 받으려면 부검을 해야 했지만 어머니는 거부하시고 장례비만 받았어. 차떼기로 연산 과일을 사서 철도화물로 서울에 보내는 일로 꽤 돈을 벌던 구장 임선재와 연산 마루고시 소장(철도화물 관계)으로 정거장 동네에서 유지였던 최씨 문중 사람 최충하가 함께 보상비를 받을 수 있도록 도와주려고 했지만, 어머니는 산 사람은 어떻게든 살겠지만 죽은 사람을 두 번 죽일 수는 없다고 부검을 거부하신 거야. 지금 생각하면 한 푼이 아쉬우셨을 텐데 어머니도 대단하신 분이지. 가난한 집에서 아버지 장례를 치르는데 엄청 많은 사람이 왔던 기억이 나. 아버지 어머니가 인심을 잃지 않으신 게지.

그 후에 임선재는 연산역에서 말쑥하게 교복을 입고 나오는 잘 생긴 두 청년의 모습을 보고 탐을 냈는데 그 두 청년이 우리 둘째 오빠하고 셋째 오빠야. 우리 집 자식인 걸 알고는 우리 둘째 오빠하고 자기 여동생을 결혼시켜 사돈이 되었지. 임선재는 둘째 올케의 오빠야.

아버지가 돌아가신 뒤 어머니 고생은 이루 말할 수가 없었어. 연산역 주변의 타고 남은 석탄을 주워 팔아 아들들의 월사금을 장만하셨어. 추운 겨울에 일하고 들어오시면 나는 어머니 발치로 내려가 어머니 찬 발을 가슴에 품고 잤어. 어머니는 감기 걸린다고 나를 떨구어내시려 했지만 아랑곳 않고 어머니 언 발을 녹이느라 더 꼭 끌어안았지. 15~16살 때였어.

아버지는 첫째 딸인 언니는 학교를 못 보냈지만 둘째 딸 연하는 초등학교까지, 셋째 딸 필하는 중학교까지, 막내딸 장하는 고등학교까지 가르치겠다고 딸들 교육에 대한 계획을 말씀하시곤 했는데 지키지 못하고 돌아가셨어. 우리는 아버지 가시고 월사금을 줄이기 위해 한 학년씩 월반을 했어. 나는 5학년을 못하고 6학년으로, 필하는 2학년을 못하고 3학년으로 월반하고 종하는 1학년을 건너뛰고 2학년으로 입학했어. 나는 다른 과목은 문제가 없었는데 셈법(지금의 수학)은 따라가기가 어려웠어. 5년의 초등학교를 끝으로 나의 학력은 끝나버렸지. 나뿐 아니라 동생 필하도 마찬가지고…. 여름마다 앓던 장하는 제대로 치료 한번 받지 못하고 6살 때 죽었어.

넋 나간 사람같이 일만 하셨던 어머니는 아들들은 어떻게든 가르치셨어. 큰오빠는 이리농림학교, 둘째 오빠, 셋째 오빠는 대전공전, 막내 종하는 서울대를 졸업했지. 시대를 생각하면 아들들은 다들 최고의 학부를 나온 셈이지.

5년 만에 초등학교를 졸업했지만 내 나이는 16살이었어. 3년이나 늦게 호적에 올라가게 된 것은 부모님이 일부러 늦게 출생신고를 한 게 아니었어. 출생신고를 한 후에도 식구별로 나오는 배급이 늘어나지 않아 기다리다가 2년도 더 지나 알아보니 면에서 배급을 줄이려고 의도한 건지 단순 행정 착오인지 출생신고가 되어있지 않은 것을 알게 된 거야. 그래서 3년이나 늦게 출생신고가 되어서 10살에 입학하게 된 거지. 내가 공무원이라도 했다면 출생신고가 늦게 된 것이 도움이 되었을 테지만 9살 위인 남편이 공식적으로는 12살 차이가 된 게 나는 별로야.

16살에 둘째 오빠의 처남(임선제)이 연산 삼남의원에 소개해줘서 견습 간호원으로 일을 시작했어. 어찌나 환자가 많았던지 실습 기회가 많았지. 똘똘하다는 칭찬도 많이 받고 열심히 일해서 한 달에 2천 환씩 벌어서 어머니께 드릴 수 있었던 게 기쁨이었어. 오빠들 학비도 보태고 살림에도 보탤 수 있었지. 월급은 아주 조금씩 올라갔어. 그러다 6.25가 터지면서 피난 다녀온 병원은 환자가 뚝 끊겨 대부분의 간호사들을 다 내보내고 나만 남게 되었어. 그 집에는 더부살이하는 큰 집 조카들이 있었는데 모든 궂은 일을 도맡아했어. 장남이 돌아가셔서 큰 집의 재산으로 시작한 병원이었는데 조카들을 부려먹는다는 소문도 있었어.

너무 환자들이 없어서 나도 그만두고 강경에 있는 호남병원으로 옮겼어. 미군들이 지어준 큰 건물에 아주 유명한 병원이어서 환자들이 많이 찾아왔었는데 언젠가 가보니 병원은 사라지고 그 자리에 공장이 들어섰더라고. 그 병원에서 일하고 있던 중에 우리와 한 동네 살던 남편의 고모가 중매를 서서 선을 보게 된 거야. 후에 시고모가 된 그분이 어느 날 우리 집에 왔는데 휴가 나와 들마루에서 낮잠이 든 나를 보고 하늘에서 내려온 선녀 같더래. 그래서 장가 안 간 노총각 조카가 생각나서 적극적으로 중매를 선 거고, 중매가 들어오자 셋째 오빠가 싫다는 나를 억지로 선을 보게 한 거지. 군인이라는 직업도 싫고 나이 많은 것도 싫었는데 선보는 날 총각의 무엇에 홀렸는지 마음에 들어 에씨 집안의 고생길로 접어든 거야.

우리 아이들은 아버지의 외모에 홀렸다고들 지금도 날 놀려. 인물이 좋긴 했지. 게다가 면접 보듯이 절도있게 질문하는 모습이 인상적이었어. 무슨 회사 면접 본 기분이었는데 새로운 세계를 본 것 같았지. 우리 어머니는 전에 사주를 보셨는데 내가 9살 위 총각과 만나 결혼하면 잘 산다고 해서 당시로서는 서른 살 넘은 그렇게 늦은 총각이 어디 있겠나 했는데 선이 들어오니 잘 살겠구나 믿으지셨겠지.

어머니 믿음대로 잘 살았어. 일제강점기에 태어나 6.25를 겪은 우리 시대 사람들은 고생 안 한 사람이 없지만 우리 남편은 어린 시절 고생이 더 심했어. 어머니를 일찍 여의고 8살에 8살 차이 나는 계모가 들어왔으니 서로 힘들었을 거야. 돌봄은커녕 구박이 심했지. 하나 있는 친동생이 눈앞에서 홍수에 떠내려가는 것을 나무둥치에 걸려 구사일생 살아난 상황에서 지켜봐야 했으니 그 마음의 상처가 오죽했겠어.

인천 염전에서 무거운 소금짐을 나르며 너무 힘이 들고 배는 고파서 13살 생일날 아무것도 없이 가출해 상경해서 신발가게 점원으로 일을 했었는데. 일본으로 징용갔다가 18살 해방을 맞으며 한국으로 돌아와 다시 신발가게 점원으로 일하며 야간에 공부해서 고등학교 학력을 따낸 양반이야.

나와 결혼했을 때는 군인 장교였는데 새벽마다 일어나 공부하고 출근했어. 둘째 병덕이 낳고 야간대학에 입학해서 둘째딸 현선이 돌 때 대학을 졸업하셨지. 새벽마다 시간 맞추어 일어나 공부하고 절도있게 생활하는 모습이 너무 존경스러웠어.

어릴 적 그리 구박을 받았던 데도 효자였어. 장교가 되고 부모님을 찾아 부여에 정착시켜드리고 배다른 동생들을 돌보는 남편을 친정 큰어머니는 자기 살 궁리는 뒷전인 바보라고 했지만 나는 그런 남편이 한없이 존경스러웠어. 악을 복으로 갚는 성인의 모습으로 다가왔거든. 이 사람이면 믿고 평생을 함께 할 만하다 싶었지.

다정다감하진 않았어. 명랑하고 쾌활하셨지만 원칙적이고 고집이 세고 융통성이 없어서 고생도 많이 했지. 하지만 강직한 군인이었고 목에 칼이 들어와도 옳지 않으면 따르지 않는 지사의 성정이 있었지. 그러니 새로운 부대에 배치될 때마다 전임자의 빚을 다 갚고 청렴결백하게 일을 처리해도 진급이 안 되어 예편을 하였지. 그 후에도 가는 곳마다 불의가 있으면 뒤도 안 돌아보고 사표를 내고 나왔어. 그래서 본인도 고생이지만 가족들도 고생을 많이 했지.

그래도 군인이었던 덕에 연금이 나와 숨통이 트였어. 5남매 건사하는데 늘 부족했지만 한 달을 버티면 꼬박꼬박 나오는 화수분 같은 연금이 지금까지 너무도 고마워. 친정어머니 가시고 친정살이 덕에 어머니 살던 집을 7평 값만 내고 얻었는데 친정어머니와 15년간 살던 집을 허물고 맏아들이 튼튼한 집을 지어주어 37년간 편히 살았어. 남편도 그 집에서 작년에 가시고.

돌아보면 운명이었던 것 같아. 존경하고 사랑하는 남자를 만나 평생 고생은 했지만 원하던 대로 끝까지 곁에서 돌봐드렸고 그 덕에 5남매 낳고 열심히 키워 무탈하게 사는 모습을 지켜볼 수 있으니 복이지. 키우는 동안에는 공부 잘해서 고마웠고 지금까지 건강하고 다들 자신의 가정을 이루어 화목하게 살고 있으니 고맙지. 나도 내 몫을 잘 해내고 지금은 자식들 모두 서로 같이 살자고 말이라도 해주니 그것도 고마워. 지나고 보니 고생한 것까지 보람있으니 참 행복하게 잘 살았어.

자식들이 내가 여기저기 끄적여놓은 글을 이사하면서 보고는 책을 내준다고 하더라고. 무슨 책이냐고 손사래를 쳤지만 나를 생각해주는 마음에 고맙기는 했어. 말뿐이려니 했는데 진짜로 책을 낸다고 하니 요즘 스트레스가 이만저만이 아니야. 생각해보면 늘 당당하고 정직하고 올곧은 남편이 존경스럽고 자랑스러웠는데 내가 쓴 글이 뇌졸중으로 치매가 오면서 엉뚱한 말로 괴롭힐 때 어디 하소연할 데가 없어 종이와 펜을 친구삼아 푸념한 게 대부분이거든. 훌륭한 남편 욕먹이는 것 아닌가 걱정도 되고 이런 글이 책으로 나오는 게 가치가 있나 싶기도 하고. 사실 올곧지만 수완이라고는 없던 양반 때문에 고생한 것이 병수발 시절 뿐만은 아니지만 가시고 나니 좋은 기억, 고마운 마음만 올라왔었는데 책을 내는 것이 진짜로 진행되면서 이상하게 억울했던 일들이 많이 떠올라 마음이 아프네. 하지만 마음 아픈 이야기는 그만두려고 해.

시집가서 아이가 생기지 않아 구박받던 중에 맏아들이 생겼어. 태교한다고 예쁜 것만 골라먹고 소풍을 가서 할 수 없이 숲에서 소변을 봐야할 때도 판판하고 예쁜 돌을 찾아 그 위에서 소피를 보았어. 그래서인지 정말 예쁜 아들을 나았지. 똑똑하고 잘 생겨서 어디를 가든 눈에 띄었어. 늘 명랑하고 잘 뛰어놀았지.

3년 터울로 둘째아들을 낳았는데 어린데도 마음이 맑고 심성이 곱고 깊었어. 조용하게 놀면서도 근기가 있었지. 두 아들이 어릴 때 하루는 용돈 달라고 떼쓰는 맏아들에게 하루에 1원 이상은 안 된다고 하니 옆집 애는 되는데 왜 우리는 안 되냐고 따지는 거야. 그래서 "엄마랑 옆집 아줌마랑 엄마를 바꿀까?" 하고 물으니 맏아들은 잠시 고민하더니 결심한 듯 "음, 좋아" 하고 둘째아들은 "안돼, 안돼. 우리 엄마 바꾸면 안 돼." 하고 엄마 앞을 가로막고 울더라고. 두 아들의 반응을 보며 재미나던 기억이 나네.

　비슷한 시기 어느 날, 동네에 엿장수가 왔어. 엿장수가 큰소리로 "오세요. 오세요. 엿으로 바꾸어드립니다. 깨진 요강, 주운 고철, 냄비, 무엇이나 엿으로 바꿔드립니다." 외치는 거야. 집에 마침 깨진 양은 냄비가 있어서 엿을 바꾸어 아들들에게 주었어. 맛있게 엿을 먹고 눈을 반짝 빛내며 뭔가 궁리하더니 잠시 후에 큰 아이가 사라졌어. 잠시 뒤에 보니 풀이 죽어 오더라고. 어디 다녀오냐고 물으니 누가 대나무 밭에 깨진 사기요강을 버린 것을 본 기억이 났던 모양이야. 엿으로 바꿔먹을 수 있겠다 싶어 말도 없이 쏜살같이 요강쪼가리를 주어서 갔더니 엿장수가 안 된다고 했나 봐. 놋쇠요강이라고 말을 안 한 잘못도 있으니 어린 아이가 갔으면 엿을 쪼끔이라도 주지. 어찌나 낙심을 하던지, 그 모습이 지금도 너무 귀여워서 생각만 해도 웃음이 절로 나.

　둘째는 배앓이를 많이 했어. 한때는 보리죽만 먹었어야 했지. 어린 아기가 먹고 싶은 것을 참아야 했으니 얼마나 힘들었을까? 애 앞에서는 먹는 모습을 안 보이려고 애썼던 기억이 나. 어쨌든 잘 이겨내고 건강해져서 잘 먹게 되었을 때, 전방에 살던 우리 집에 친정 막내동생이 찾아왔어. 모처럼 소불고기를 준비했지. 우리 둘째가 밥을 푹 한술 뜨더니 불고기 한점을 밥위에 얹고 고추장을 푹 떠서 그 위에 얹으며 하는 말이 "사람은 편식을 하면 안 돼, 골고루 먹어야지." 한 숟갈 먹을 때마다 불고기, 고추장을 얹으니 얼마나 맵겠어. 땀을 뻘뻘 흘리며 먹는데 계속 편식하면 안 되고 골고루 먹어야 한다는 말을 덧붙이는 거야. 나하고 막내동생하고 배꼽을 잡고 웃었어. 불고기는 많이 먹고 싶고 불고기만 먹는다는 소릴 안 들으려고 애기 입장에서 논리를 만든 거지.

　아들 둘을 낳고 기다리던 딸이 태어났어. 어찌나 예쁘던지. 엄청 예뻐해서 옆집 할머니가 그렇게도 예쁘냐고 묻던 기억이 나. 근데 이 딸은 걸음은 늦고 말이 빨랐어. 기어다니면서 말을 하는데 별 참견을 다하는 거야. 옆집 할머니가 시장바구니 빌리러 오시면 기어서 문지방에 걸터앉아 "안 돼, 안 돼. 우리 엄마 거야. 가져가지 마."

하며 하도 떼를 써서 몰래 빌려드리느라고 고생이었어. 기어다니면서 노래도 했지. 그때 이미자의 〈동백아가씨〉가 유행이었는데 앉아서 그 노래를 부르는 거야. "꽃잎은 빨갛게~"에서 빨갛게 소리를 내기 위해 방바닥에 앉아 배를 움켜잡고 구부려 노래를 부르던 모습이 지금도 너무 웃겨.

이 딸이 막내려니 생각했어. 그래서 막내라고 불렀지. 그러다가 난소에 종양이 생겨서 대수술을 받게 되었어. 수술을 맡은 군의관이 수술하는 김에 불임시술까지 해줄까 묻길래 동의했지. 지금은 의술이 발달되어 수술이 대수롭지 않겠지만 그때는 죽을 수도 있다고 생각하고 수술실에 들어갔어. 친정 식구들도 많이 걱정하셨을 거야. 수술을 마치고 회복기에 접어들었는데 이상하게도 입덧을 하는 것 같은 거야. 그래서 남편한테 이야기했지. 불임시술을 해서 그럴 리가 없는데 꼭 입덧하는 것 같다고. 그랬더니 남편이 빙그레 웃는 거야. 군의관이 남편한테도 물어보길래 불임시술의 부작용을 물으니 빨리 늙을 수도 있다고 하더래. 그래서 하지 말라고 했다는 거야. 참 대단한 애처가시지. 그래서 내가 이렇게 천천히 늙는 모양이야.

어쨌든 그래서 둘째 딸을 낳게 되었어. 남편은 이 아이는 당신이 죽을 뻔하다가 살아서 선물처럼 생긴 아이이니 타고난 성정 그대로 키워보자고 하셨지. 그래서인지 성깔이 있어. 제 성정 그대로 큰 거지. 근데 참 섬세하고 예민해. 한참 여러 가지로 어려울 때 혹시 친정어머니 눈에 띄면 속상하실까 봐 몰래 숨어 눈물을 훔치면 어김없이 요 딸이 나타나. 쬐꼼한 손으로 내 손을 꼭 잡고 눈물을 닦아주며 "엄마, 엄마. 울지 마. 내가 나중에 커서 돈 많이 벌어서 엄마 다 줄게. 아버지는 안 주고 엄마만 다 줄게." 하면서 날 달래는 거야. 꼬맹이 어린아이지만 그 말이 참 위로가 되었어. 고마운 딸이지. 이 딸 없었으면 어떡할 뻔했나 싶어. 셋이면 충분하다고 생각했었는데….

늦게 늦둥이가 들어섰어. 막내아들을 낳았지. 친정어머니와 함께 살 때여서 몸조리를 잘 해서인지 막내를 낳고는 많이 건강해졌어. 옛말에 산후조리를 잘 하면 건강해진다더니 정말이라고 믿어져. 막내는 친정어머니가 끔찍이 이뻐하셨어. 형들, 누나들도 막내를 엄청 예뻐했지. 큰아들이 대학 다닐 때 6살쯤 된 막내동생을 데리고 가면 친구들이 아들이냐고 묻곤 했데. 다 3살 터울인데 막내만 5살 터울로 떨어져 태어났는데 다들 잘 돌보고 사랑을 많이 받았지. 그래서인지 착하고 감성이 풍부해. 예민하기도 해서 나에게 팩하니 화를 낼 때도 있었는데 그런 날은 미안한 기색이 분명해서 사과하기를 기다리면서 시간을 주면 그날은 그냥 지나가고 이튿날에도 그냥 지나가고 3일째 되면 긴 반성문이 날라와. 지금도 술만 마시면 나에게 전화를 해서 엄마가 최고라고 추켜세우며 재롱을 떨지.

아이들 생각하면 뿌듯하고 고마워. 내 속으로 태어난 자식들이 잘들 살고 있으니. 며느리들, 사위들에게도 고맙지. 사람 모이는 것 좋아하고 늘 쾌활한 맏며느리, 내가 맏며느리로 살면서 우리나라 맏며느리들이 역할을 하든 못하든 얼마나 어려운지 알기에 나는 그런 어려움을 덜어주고 싶어서 내 딴에는 애를 쓴다고 했지만 그래도 어쩔 수 없는 부분이 있었을 거야. 남편에게 뇌졸중이라는 무서운 병이 찾아와 거동이 불편하실 때 맏아들 내외가 참 많이 우리를 데리고 여행도 다니고 맛있는 것 사준다고 외식도 많이 시켜주었지. 그럴 때마다 맏며느리가 시아버지 꼭 부축하고 식당에 가면 옆에 앉아 드시는 것 도와드려 주어서 언제나 고마웠어. 그러기가 쉽지 않거든. 내 책도 적극적인 맏며느리가 하자고 제안을 해서 진행이 되었데. 집안에 적극적인 사람이 하나 있어야 뭔가 시작되긴 하네.

둘째아들 결혼하고 집에서 전혀 지원을 못해줘서 고생을 많이 했는데 그래도 알뜰한 둘째며느리 덕에 공부도 계속해서 일본에 가서 박사학위도 받고 대학에 자리 잡아 잘 살고 있지. 결혼 초에 얼마나 알뜰하게 살림을 하는지 그 내용을 자세하게 편지를 보내주어 읽을 때마다 믿음이 가고 고마웠어. 둘째아들이 해양대학을 나와 군대 대신 배를 타고 멀리 항해를 하고 있을 때, 늦게 박사학위 하느라 일본에 가서 유학할 때, 혼자서 꿋꿋하게 아이들 키우며 알뜰하게 사느라 고생이 많았을 거야. 나도 사는데 바쁘고 여력이 없어서 어떻게 어려웠는지 세세하게 헤아리지 못했지만 그저 잘 해내려니 믿었지.

맏사위는 장모를 늘 대단한 사람인양 대해주어 고마워. 맏사위를 만나면 내가 훌륭한 사람이 된 듯하고 오해를 하는구나 싶기도 하지만, 그 믿음대로 훌륭한 사람이 되어야겠다 싶은 마음이 들게 해. 맏딸이 친구들과 35일간 여행 간 기간에도 일주일에 한번씩 나를 찾아와서 맛있는 것도 사주고 친구도 되어주고 참 감동이었어.

둘째 사위는 언제나 부지런하고 알토란 같아. 둘째 딸네 가면 부부가 어찌나 부지런하고 열심히 사는지 삶의 모범이야. 둘째 사위도 장모를 늘 추켜세우지. 장모님 같은 딸을 만나 행복하다고 이야기해줘서 늘 고맙더라고, 내 딸이 나처럼 사는 것이 좋은 건지는 나중에 다시 생각해봐야겠지만. 일을 실제로 해내는 사람이 우리 둘째 사위야. 이번에 이 책이 나오는 것도 둘째 사위가 일을 추진하기 때문인 것 같아. 무슨 일을 하면 철저하게 하거든. 밭에 키우는 작물을 보면 취미 수준이 아니야. 완전 전문 농사꾼 같아. 학교를 다니면서 어떻게 풀 하나 없이 농사를 짓는지 참 대단해.

막내며느리는 참 착해. 심성이 고와. 삐지거나 화내는 것을 본 일이 없어. 늘 해맑게 잘 웃어. 시숙이 놀리는 농담을 해도 잘 받아넘기고 가족이 화목을 이루는데 단단히 한 몫을 해. 남편 내조도 성심껏 잘하지. 마음을 다해 내 막내아들을 사랑하고 돌보니 참 고마워. 피곤하다고 운전도 대신하고. 무엇보다 둘이 사이가 좋아 참 보기가 좋아. 사람을 대할 때 그냥 형식적으로 대하는 게 아니고 마음으로 대하는 게 우리 막내며느리의 장기지. 얼마 전에 막내가 아팠는데 나한테 비밀로 했다가 어느 정도 회복되고 나서 전화를 했어. 자식들이 짝을 이루어 사니 아파도 엄마를 안 찾고 더 가까운 짝이 있어 서로 돌보니 참 다행이야.

자식들이 낳은 자식들 10명의 손주들이 있어. 준희, 찬희, 범희, 지희, 두레, 선아, 정도, 산, 건희, 원희 각각이 딱 둘씩 낳았어. 둘이 만나 둘씩 낳았으니 딱 역할을 한 게지. 손주들은 준희와 범희만 아들을 1명씩 낳아서 승우, 성준이 이렇게 증손주가 둘이야.

우리나라 출생률이 점점 줄고 있어 걱정이라는데 손주들이 사는 세상이 너무 힘들지 않았으면 좋겠어. 우리 세대는 너무 가난해서 힘들어서 요즘은 뭐가 걱정일까 싶은데 요즘 아이들은 더 힘든 것 같기도 해. 사람이 물질만 풍요해서 사는 것은 아니니까. 할머니가 해줄 것은 없지만 우리 손주들 그 밑의 증손주들이 우리 때보다는 더 많이 행복하게 살면 좋겠어. 그래야 세상이 점점 더 나아지는 거니까.

2023년 시월 어느 날
엄마가 말씀하시고 맏딸이 씀.

에필로그

장모님의 글을 모으고 읽으며
맏사위 장수명

저의 장모님의 되어주셔서 감사합니다
작은사위 김종연

장모님의 글을 모으고 읽으며

　장모님의 글이 책이 되었다. 장모님의 살아오신 삶이 역사와 이야기가 되어 우리들의 자식들과 그 자식들에게 전하게 되었다. 책은 장모님을 비롯한 가족들의 공동 산물이고 책을 보니 감동을 준다. 시작은 준희 어머니의 제안으로 비롯됐고 이렇게 고귀한 책이 선물처럼 만들어진 것은 김 서방(종연)의 성실성과 인내심 가득한 노력 덕분이다. 매번 글을 올리고 자식들이 하고픈 말을 담아내는 것 결코 쉬운 일이 아니었을 것이다. 현선 처제와 정도가 그 옆을 지켜 힘이 되었을 것이다. 처제 가족에게 특별히 고맙다. 전체 가족을 대신해서 마음을 전한다.
　아내 현주의 어머니인 장모님을 처음 만난 지 30년이 넘었다. 1989년 여름 대전 은행동의 지하 다방에서 장인어른과 장모님이 돈벌이와 직장도 없는 사위 후보감인 나를 처음 만나셨다. 전에도 멀리서 장인어른은 한번 뵌 적이 있지만, 그날은 나에게 할 중요한 권고 때문에 만나자고 하신 것이다. 일종의 사위 후보 면접이 아닌 사윗감 후보 탈락 통보였다. 조용히 너무 점잖게 말씀하시어 만나고 난 후에도 나는 장가를 가라는 소린지 아닌지를 놓고 헷갈렸다. 한참 후에 그 진심을 알게 되었다.
　거절한 후 남의 귀한 자식한테 너무 모질었나 싶어 마음이 아파 결혼을 허락한 후 두 분 특히 장모님은 내게 말씀이 없으셨다. 집에 가면 늘 좋은 음식을 맛있게 장만하여 내오셨고 나는 그 노고도 모른 채 맛있게 먹었다. 나는 장모님이 손수 키우신 가중나물 무침을 최고의 음식으로 친다. 유학을 가고 병들어 고생할 때도, 그리고 아내와 외손녀들을 고생시켰을 때도 아무 말 없이 보고 계셨다. 크면서 어머니의 심한 잔소리가 너무 싫었던 나는 결혼할 때 아내 현주가 잔소리를 안했으면 하는 바람이 있었다. 정이 많고 마음이 맑고 여리셨지만, 고된 일과 마음고생이 많으셨던 탓인지, 우리 어머니의 잔소리는 대단했다. 그런데 아내는 말을 재미있게 하고 말도 많은 편이다. 하지만, 잔소리 하지 말아달라는 부탁을 할 필요도 없이 잔소리를 할 줄 몰랐다. 잔소리에는 벙어리일 정도다. 장모님의 따뜻한 사랑의 침묵과 아내의 이어진 가볍지 않은, 믿어주는 침묵의 지원은 내게 가장 든든한 버팀목이 되어 주었다. 이 넉넉한 침묵이 내가 삶을 살아가고 누릴 수 있는 넓은 정신과 마음의 공간을 만들어 주었고 나는 그 힘으로 지금까지 살아간다.

　주변에 이런 따듯한 마음의 공간을 다른 방식으로 만드는 사람도 있지만, 온화한 침묵의 공간을 만드는 장모님의 마음고생과 그런 마음을 만들어 가시는 인고의 노력을 이번에 글을 읽으면서 깊이 알게 되었다. 참으로 고마울 뿐이다. 자신의 고난과 시련, 육체적 피로와 고통을 내면으로 갈고 닦으면서 마음의 진주로 만드셨다. 장모님의 치장의 멋은 내면에 있다. 그 아름다움으로 자식들은 힘과 품위를 지키고 사는 것 같다. 그래서 현주와 현선이 처제, 큰 처남 예병욱, 둘째 처남 예병덕, 셋째 처남 예병용이 모두 자기만의 품위와 멋과 삶의 자세를 가지고 살게 된 것 같다. 물론 장인어른의 모범과 사랑도 크게 더했을 것이다.

　장모님의 삶의 글에서 몇 가지 중요한 것을 보게 된다. 첫째, 꼼꼼한 수입 지출의 정리이다. 그곳에는 몇 천원의 수입도 있고 몇 백원의 지출도 있다. 삶의 경제가 녹녹하게 진순된 가계부를 보면서 한두 푼도 얼마나 정성스럽게 다루시는가를 알 수 있다. 가정 경제의 기초를 알려준다. 모두 본 받아야 할 모범이다.

　둘째, 가족, 특히 장인어른과의 관계와 자신의 심정을 세세하게 기록하셨고 그 기록은 사랑하지만, 아픈 사람들을 돌보는 사람들이 받을 위로가 그 속에 있다. 장인어른께서 품위를 잃지 않고 삶을 아름답게 마감할 수 있었던 것은 오직 그 사랑의 미덕 덕분이다.

　셋째, 말로 다하지 못하는 자식 사랑이다. 어느 때는 안쓰러운 자식이 있고 어느 때는 자랑스러운 자식이 있고 또 그들 사이의 관계가 있다. 우리 모두 알다시피 부모지만 자식의 문제를 해결할 수도 도움을 줄 수 없어 바라만 보아야 할 때가 있다. 자식들의 현재와 미래를 멀리 바라볼 줄 아는 안타까움이 여기 저기 드러나면서 그 마음고생과 사랑을 느낀다.

　넷째, 다하지 못하는 자신의 사회적 가치 실현과 자기 내면으로부터 올라오는 자기실현의 소망을 본다. 장모님은 얼마간 간호사를 하셨지만, 사회로 진출하지 못하셨다. 누구나 사회적으로 자신을 실현하고 완성해 나가는 것을 소망하며 이것은 인간의 근원적 욕구이다. 여성을 가둔 사회의 한계를 본다. 이제 늦게라도 장모님은 자기만의 삶을 누리시기를 기원해 본다. 장모님의 친자연적인 삶은 이제 세계의 가장 열린 사람들이 열망하는 삶이다. 어쩌면 시대를 앞서 사신 것이다.

우리는 장모님의 삶의 기록을 마음속에 기억하며, 돈과 탐욕에 물든 세상에 저항했던 우리 선조들의 정신의 가치를 다시 한번 되새기게 된다. 모든 사람들을 공경하고 따뜻하게 대하며 이런 태도가 나무와 꽃과 동물과 풀들에게로 이어지는 것을 본다. 장모님의 따뜻한 사랑과 겸손하게 이웃을 상대하는 법, 그 웃음과 여유, 맑은 정신과 영혼이 항상 우리와 함께 있기를 기원한다.

2023년 11월 5일
맏사위 장수명

저의 장모님이 되어주셔서 감사합니다.

2023년 2월 말일자로 교단에서 정년퇴임을 했다. 시간적 여유가 주어졌다. 장모님의 책자 발간을 선뜻 맡을 수 있었던 표면적 이유였다. 10개월여 작업을 진행하며 많은 것을 배웠다. 정년의 나이까지 알지 못했던 인생의 깊은 내면의 소리 말이다. 그 소리는 장모님의 여한가(餘恨歌)였다.

2022년 10월 25일 장인어른께서 세상을 뜨셨다. 가장 믿었던 장모님의 품에서 행복한 저승 여행길에 나선 것이다. 홀로 되신 장모님은 큰처남 집 근처 아파트로 이사를 하셨다. 이삿짐을 정리하던 중 틈틈이 메모장에 기록한 장모님의 육필이 나왔다. 빛바랜 종이 위에 쓰인 글씨에서 장모님의 혼을 느꼈다. 그래서 시작했다.

몇 년 전 대학 지리과 동기들과 쿠바 답사를 하고 책을 출간했다. 지리적 내용을 담아 일반인이 보기에는 재미가 없다. 쥐꼬리 인세 수입이 증인이다. 장모님은 그런 책을 끝까지 읽고 장문의 독후감을 쓰셨다. 동기들의 감동은 컸다. 당연히 장모님의 팬이 되었다.

장인어른은 소령으로 예편하셨다. 굴곡진 어린 시절을 이겨내고 한국전쟁의 와중에 육군사관학교 단기 과정을 마치고 장교가 되셨다. 군인 신분으로 전북대에서 국문학을 공부하셨다. 전방에서 근무하며 장모님과 결혼하셨다. 맞선 면접 내용을 담은 어머님의 글이 재밌다.

장인어른은 순수하며 강직하셨다. 장모님에게는 군인 정신으로, 자녀들에게는 부드러움으로 대하셨다. 장모님의 맘고생이 컸다. 그래도 장인어른에 대한 믿음은 강철 같았다. 장인어른께 70대 어느 날 갑자기 찾아온 중풍은 장모님의 병수발 삶의 시작이었다. 시아버지와 남편의 병수발 애환을 펜 종이 친구에게 하소연한 글이 애달프다.

집사람과 연애 시절 가오동 포도밭은 포근했다. 어느 토요일 오후 겁 없이 닭찜을 해달라 했다. 애지중지 키운 딸을 앞세우고 들어오는 외간 남자를 편하게 대해주셨다. 그때 그 모습이 지금까지 변하지 않았다. 작은사위가 되었고 장모님 같은 집사람을 얻는 행운을 줬다.

　결혼식 날 장모님의 한복은 수수했다. 사돈댁이 연세가 많으시고 시골 분들이라 격을 맞춰주기 위함이었다. 큰놈이 외할머니 품에서 2년을 자랐다. 어느 날 애가 많이 아팠다. 아빠 입장에서 애를 이 지경이 되게 두면 어떻게 하나 하며 다급한 김에 한 말이 평생 가슴을 판다. 장모님의 심정이 어떠했을까? 평온함을 잃지 않고 바라보던 모습이 선하다. 장모님은 나에게 그런 분이셨다.

　명절이면 한 주 전에 현충원 장인어른께 간다. 위패와 사진을 바라보는 장모님의 모습을 본다. 무슨 말을 하고 계실까? 눈빛에서 수많은 대화가 오간다. 빛바랜 메모장에 써 내려간 수많은 사연들이 돌아간다. 못다한 이야기는 만나서 하자며 돌아선다. 이 책을 장인어른도 보실 것이다.

　메모장을 스캔 뜨고 한글 파일에 올려 자녀들의 댓글을 다는 작업은 매주 진행됐다. 곽팍한 삶에서도 마음을 담아 한땀 한땀 이어온 글에서 형제자매간의 우애가 더해졌다. 장모님이 주신 선물이다.

　책을 만들며 인생을 뒤돌아본다. 그리고 장모님께 감사드린다. 장모님 같은 딸을 주셔서. 그리고 저의 장모님이 되어주셔서 또 감사하다.

　이천독립운동기념사업회에서 출판이안 이인환 대표님을 만난 것은 행운이다. 거친 글을 다듬고 모양을 내어 소중한 책자를 탄생시켜 기쁨을 주었으니 감사할 따름이다.

2023년 시월 마지막 날 새벽
작은사위 김종연

펜 종이 친구와 나누는 이야기

울엄마

초판인쇄 : 2024년 1월 2일
초판발행 : 2024년 1월 4일
지은이 : 최연하 외 가족

펴낸곳 / 출판이안
펴낸이 / 이인환
등 록 / 2010년 제2010-4호
주 소 / 경기도 이천시 영창로 314번길 51, 203-302(갈산주공)
전 화 / 010-2538-8468
인 쇄 / ㈜아르텍
이메일 / yakyeo@hanmail.net

ISBN : 979-11-985812-0-4(03810)
가 격 : 18,000원

* 출판이안은 세상을 이롭게 하고 안정을 추구하는
 책을 만들기 위해 심혈을 기울이고 있습니다.